N
S
ITALIE
Barrage de Serre-Ponçon
Pra-Loup
Alpes-de-Haute-Provence
Isola 2000
Valberg
Digne
s Mées
Entrevaux
Barrage de Castillon
Moustiers
Castellane
Var
Lac de Ste-Croix
Grand Canyon du Verdon
Gorges de la Vésubie
Menton
Èze
Monte-Carlo
Monaco
Beaulieu
Villefranche
Nice
Gorges du Loup
Vence
St-Paul
Grasse
Biot
Antibes
Cap d'Antibes
Juan-les-Pins
Cannes
Lac de St-Cassien
Draguignan
Côte d'Azur
Fréjus
St-Raphaël
Massif de l'Esterel
St-Tropez
Le Lavandou
Toulon
Giens
Iles d'Hyères
rranée

Etudes Françaises

Echanges 3

Edition courte

Herausgegeben von

Bernd Grunwald,

Monique und Reinhard Lamp,

Guy Renaud,

Hermann Rolinger

Ernst Klett Schulbuchverlag
Stuttgart Düsseldorf Berlin Leipzig

Etudes Françaises

Echanges

Edition courte 3

Herausgegeben von

Bernd Grunwald, Remagen;
Monique und Reinhard Lamp, Hamburg;
Guy Renaud, Dijon;
Hermann Rolinger, Koblenz;

Weitere Mitarbeit:

Peter Bayer, Schwalmtal; Hilke Grunwald, Remagen; Marie-Laure Hejl, Paderborn; Christa Keim, Bremen; Wolfgang Latt, Karlsruhe; Jörg-Ingolf Otte, Oldenburg; Siegfried Pötschke, Ettlingen.

Begleitende Tonträger zu diesem Band:

- *1 Compact-Cassette für den Schüler* mit Lektionstexten, Gedichten und Liedern. Beide Seiten besprochen, Klettnummer 52257. Lieferung durch jede Buchhandlung oder, wo dies auf Schwierigkeiten stößt, zuzüglich Portokosten per Nachnahme vom Verlag.
- *1 Compact-Cassette für den Lehrer* mit Hörverstehenstexten und Versprachlichung der Bildgeschichten. Beide Seiten besprochen, Klettnummer 522571. Lieferung direkt an Lehrer, Schulstempel erforderlich.

Gedruckt auf Papier aus chlorfrei gebleichtem Zellstoff, säurefrei.

2. Auflage   2 13 | 1997

Alle Drucke dieser Auflage können im Unterricht nebeneinander benutzt werden, sie sind untereinander unverändert. Die letzte Zahl bezeichnet das Jahr dieses Druckes.

(Die 1. und die 2. Auflage sind identisch bis auf die Seiten 23, 36, 87, 94, 102, 103 und 142. Grund der Änderungen ist die Vereinigung Deutschlands.)

Redaktion: Gérard Hérin, Dr. Rudolf Hildebrandt, Christine Konietzko, Dr. Volkhart Weizsäcker

Umschlag: Gebhardt + Lorenz, Korntal
Illustrationen: Herbert Horn, München
Kartographie: Karl-F. Harig Verlag, Reinheim; Michelin, Paris
Druck: Eberl GmbH, Immenstadt. Printed in Germany
ISBN 3-12-522500-0

Inhaltsverzeichnis

* Es werden bei jeder Lektion nur die wichtigsten kommunikativen Ziele der Texte bzw. der Übungen *(E)* aufgeführt. Das Lehrerbuch (Klettnummer 52253) gibt eine vollständige Übersicht und nennt die entsprechenden Redemittel.

[ ] Die in rechteckigen Klammern stehenden grammatischen Inhalte können in Bundesländern, in denen diese Lernziele für das 3. Lernjahr nicht vorgesehen sind, als fakultativ behandelt werden.

W = Wiederholung

Zeichenerklärung

- ✎ Es empfiehlt sich, die Übung auch schriftlich durchzunehmen.
- §§ Die bei den Übungen genannten Paragraphen verweisen auf das Grammatische Beiheft.
- •S• Auf Schülercassette (Klettnummer 52257) verfügbare Stücke.
- •L• Auf Lehrercassette (Klettnummer 522571) verfügbare Stücke.
- [ ] Die in rechteckigen Klammern stehenden grammatischen Inhalte können in Bundesländern, in denen diese Lernziele für das 3. Lernjahr nicht vorgesehen sind, als fakultativ behandelt werden.
- ‹ › *Annexe* und die Stücke in Winkelklammern sind fakultativ.

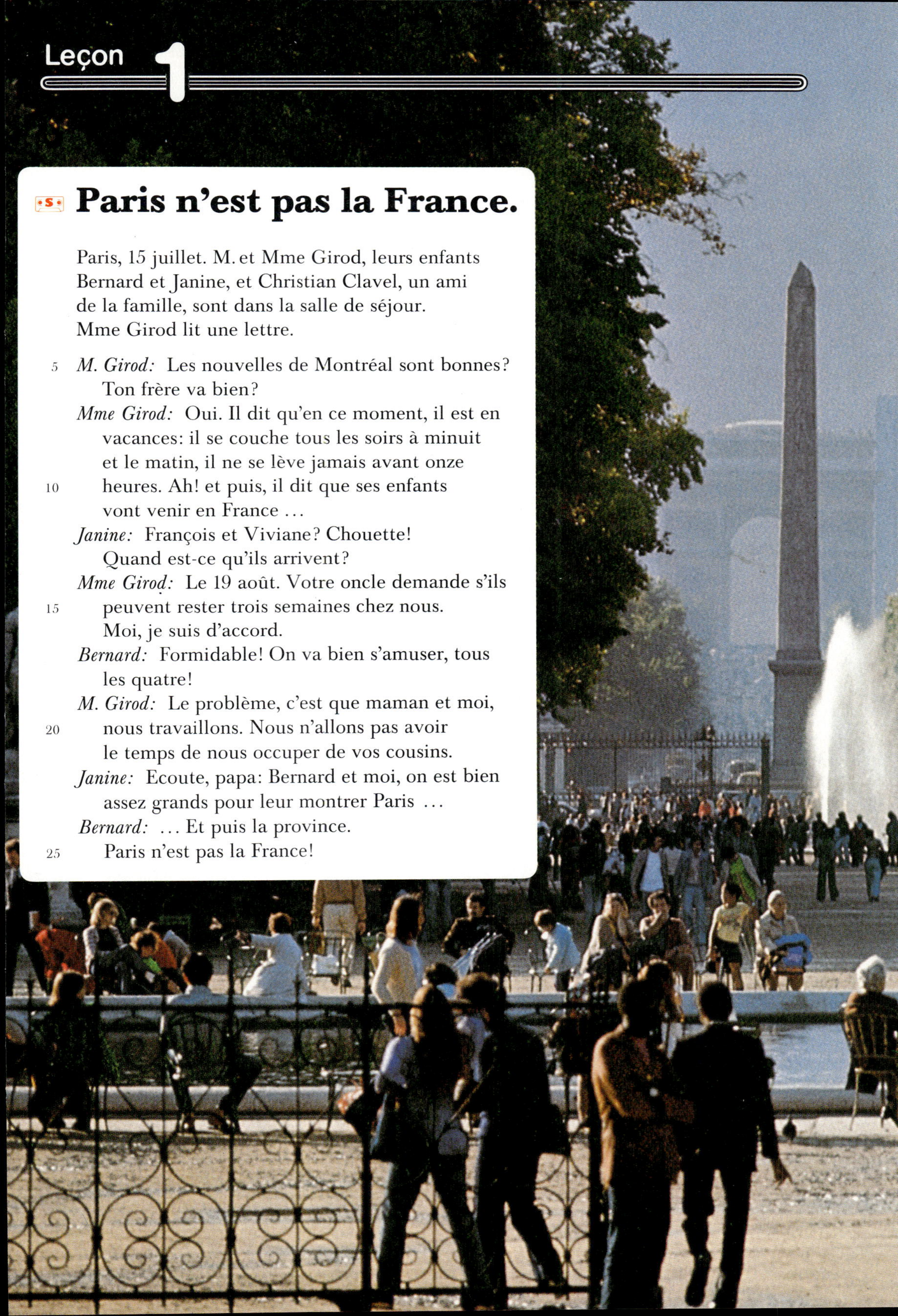

Leçon 1

Paris n'est pas la France.

Paris, 15 juillet. M. et Mme Girod, leurs enfants Bernard et Janine, et Christian Clavel, un ami de la famille, sont dans la salle de séjour. Mme Girod lit une lettre.

M. Girod: Les nouvelles de Montréal sont bonnes? Ton frère va bien?

Mme Girod: Oui. Il dit qu'en ce moment, il est en vacances: il se couche tous les soirs à minuit et le matin, il ne se lève jamais avant onze heures. Ah! et puis, il dit que ses enfants vont venir en France …

Janine: François et Viviane? Chouette! Quand est-ce qu'ils arrivent?

Mme Girod: Le 19 août. Votre oncle demande s'ils peuvent rester trois semaines chez nous. Moi, je suis d'accord.

Bernard: Formidable! On va bien s'amuser, tous les quatre!

M. Girod: Le problème, c'est que maman et moi, nous travaillons. Nous n'allons pas avoir le temps de nous occuper de vos cousins.

Janine: Ecoute, papa: Bernard et moi, on est bien assez grands pour leur montrer Paris …

Bernard: … Et puis la province. Paris n'est pas la France!

Un pêcheur breton

La côte, près de Ploumanach (Bretagne)

En Alsace

Le Pont du Gard, près d'Avignon (Provence)

Nice (côte d'Azur)

La chaîne des Dômes (Auvergne)

Le château de Chambord (Loire)

Mme Girod: Vous pourriez aller en Bretagne, chez la tante Yvette. Elle a une grande maison qui se trouve au bord de la mer.

Bernard: Ah ça, c'est une bonne idée! J'aime bien la Bretagne. Là-bas, on ne s'ennuie jamais: on peut partir en mer avec les pêcheurs, on peut se baigner ...

Janine: Tu parles! Tu ne sais pas nager! ... Moi, je n'aime pas tellement la Bretagne: il y pleut trop souvent. Et puis, pour des Canadiens, la pêche, ce n'est pas très nouveau.

M. Girod: Pourquoi est-ce que vous n'allez pas en Alsace? Il y a beaucoup de jolis villages. On peut faire des longues promenades à pied – dans les Vosges, par exemple. François et Viviane aiment bien la montagne, et ils aiment bien se promener. Je suis sûr que l'Alsace va leur plaire.

M. Clavel: Ecoutez, ils arrivent quand, déjà, vos Canadiens?

Mme Girod: Le 19 août.

M. Clavel: Le 19? Alors, vous pourriez aller en Provence. Je dois me rendre à Valence le 25 pour affaires. Je peux vous prendre dans ma voiture. Et de Valence, vous prenez le train pour Avignon. Ce n'est pas très cher: il y a des réductions pour les jeunes.

M. Girod: Oui, la Provence, c'est bien: il y a des monuments romains que vous pourriez visiter, il y a des vieux villages qui sont très beaux ...

Bernard: Tu penses que François et Viviane s'intéressent aux monuments romains et aux vieux villages? Moi, je ne m'intéresse pas à ces choses-là!

Janine: Eh bien, moi, je suis sûre qu'ils vont aimer ça. Ce sont des choses qu'ils n'ont pas dans leur pays.

Bernard: Bon. Alors, d'accord pour la Provence. Mais après, on va sur la côte d'Azur, hein?

Janine: Bien sûr!

Mme Girod: C'est bien beau, tout ça. Mais vous avez pensé à l'argent que ça va coûter? Où est-ce que vous allez manger et coucher?

Bernard: Dans des auberges de jeunesse: ce n'est pas cher.

Mme Girod: Et comment est-ce que vous allez revenir?

M. Clavel: Pas de problème! Le 5 septembre, je suis à Aix-en-Provence, toujours pour affaires. On pourrait se retrouver là-bas, aller ensuite à Orange et rentrer à Paris par l'Auvergne. C'est une région où la nature est très belle et que vos cousins vont beaucoup aimer. On peut même passer par Orléans et visiter un des châteaux de la Loire.

Janine: Chouette! Tu es vraiment sympa, Christian. Allez, je t'embrasse!

1. Reparlons du texte.

a) *Répondez aux questions.*
1. Dans quelle ville est-ce que le frère de Mme Girod habite?
2. Qu'est-ce qu'il dit dans sa lettre?
3. Pourquoi est-ce que M. et Mme Girod ne vont pas avoir le temps de s'occuper de Viviane et François?
4. Qu'est-ce que Bernard et Janine veulent montrer à leurs cousins?
5. Dites comment les quatre jeunes vont se rendre à Valence, où ils vont aller ensuite, où ils vont manger et coucher et comment ils vont rentrer à Paris.

b) 1. *Relisez la partie du texte qui se trouve à la page 9.*
Ecrivez tous les noms géographiques (régions, villes, etc.) dans votre cahier.
Qu'est-ce qu'on dit sur les régions? Ecrivez-le aussi dans votre cahier.
2. *Regardez ensuite la carte de France. Cherchez les régions.*
Quelles villes est-ce qu'il y a dans ces régions?

c) *A vous.*
Tu parles à ton copain français / ta copine française de la région où tu habites.
Qu'est-ce que tu lui dis?

2. A l'auberge de jeunesse de Colmar (Alsace) (§ 1)

F.U.A.J.

Klaus parle avec Jacques:
K.: **Tu t'appelles** comment?
J.: **Je m'appelle** Jacques. Et toi?
K.: Moi, **je m'appelle** Klaus.
J.: Tu es d'où?
K.: Je suis de Friedberg.
J.: C'est où, ça?
K.: C'est dans la région de Francfort.
J.: Tu as des frères et sœurs?
K.: Oui. J'ai un frère et une sœur.
J.: **Ils s'appellent** comment?
K.: **Ma sœur s'appelle** Andrea et mon frère Thomas.
J.: Ils ont quel âge?
K.: Andrea a 13 ans et Thomas en a 17.
Et toi, tu as quel âge?
J.: J'ai 15 ans.

A vous. Faites les dialogues et jouez:
1. Claudia (Lüneburg, région de Hambourg; 2 frères: Rolf, 11 ans, et Kai, 16 ans) parle avec Olivier (18 ans).
2. Wolfgang (Leverkusen, région de Cologne; 2 sœurs: Martina, 9 ans, et Silke, 7 ans) parle avec Annick (14 ans).
3. Tu parles avec une jeune fille / un garçon.

3. En Bretagne (§ 1) *Complétez par les verbes donnés.*

Pascal Aubert et sa sœur Laurence passent 15 jours en Bretagne. Laurence téléphone à sa mère.

1.	*Mme A.:*	Allô? Ah! c'est toi, Laurence. Alors, tout va bien?	
	L.:	Oui, oui. Pas de problème!	
	Mme A.:	Où est-ce que vous …, en ce moment?	*(se trouver)*
	L.:	Nous … à Brest.	*(se trouver)*
2.	*Mme A.:*	Vous … bien?	*(s'amuser)*
	L.:	Ah oui! Nous ne … pas une minute!	*(s'ennuyer)*
		Il fait très beau. Alors, nous … tous les jours.	*(se baigner)*
3.	*Mme A.:*	Où est-ce que vous mangez: à l'auberge de jeunesse?	
	L.:	A midi, nous … des sandwichs,	*(s'acheter)*
		et le soir, nous … à manger à l'auberge.	*(se faire)*

4. *Mme A.:* Vous ne … pas trop tard, je pense?	*(se coucher)*
L.: Non, non. Nous … au lit à 10 heures, 10 heures et demie.	*(se mettre)*
Et le matin, nous … à 7 heures et demie, 8 heures.	*(se lever)*
5. *Mme A.:* Qu'est-ce que vous faites le soir?	
L.: Nous … un peu en ville.	*(se promener)*
Ensuite, nous … à une terrasse de café.	*(se mettre)*
Après, nous rentrons à l'auberge et nous ….	*(se coucher)*
Bon, je te quitte: je n'ai plus de pièces de 1 F.	
Au revoir, maman. Je t'embrasse.	

4. Pierre, Paul et toi (§ 1)

Et toi?

1. Pierre **se couche toujours** tard.	1. Paul **ne se couche jamais** tard.	1. Moi, je …
2. … se lève toujours tôt.	2. … ne se …	2. …
3. … s'amuse toujours beaucoup.	3. … ne …	3. …
4. … s'occupe toujours de ses copains.	4. …	4. …
5. … s'intéresse toujours aux autres.	5. …	5. …
6. … ne s'ennuie jamais.	6. …	6. …

5. Dans l'avion Montréal – Paris (§ 1) *Complétez.*

1. *Viviane:* On va bien …, en France, hein?	s'amuser
2. *François:* Oui, nous n' … pas ….	s'ennuyer *(futur composé)*
3. *V.:* Dis, ça … où, la côte d'Azur?	se trouver
F.: Attends, on va regarder sur la carte. –	
Tiens, c'est là, entre Cassis et Menton.	
V.: Qu'est-ce qu'on peut faire là-bas?	
4. *F.:* Eh ben! on ….	pouvoir se baigner
5. Et puis, on ….	pouvoir se promener
6. *V.:* Mais d'abord, nous … en Provence, c'est bien ça?	se rendre *(fut. comp.)*
7. *F.:* Oui. Au fait, où … la Provence?	se trouver
V.: C'est là. Regarde: Arles, Nîmes, Avignon, Aix-en-Provence.	
8. *F.:* Dis donc, je …	se demander
si Bernard ne … là-bas.	s'ennuyer *(fut. comp.)*
9. Dans sa lettre, il dit qu'il ne … aux monuments romains.	s'intéresser
10. *V.:* C'est curieux. Moi, je … beaucoup à ces choses-là. Et toi?	s'intéresser
11. *F.:* Moi aussi. Qu'est-ce que tu veux, il y a des jeunes	
qui … aux monuments et d'autres pas. C'est comme ça.	s'intéresser
12. Bon. Je …, mais je voudrais dormir un moment.	s'excuser
13. *V.:* Attends. Je … à ta place? J'ai envie de regarder	pouvoir se mettre
par la fenêtre.	
14. *F.:* D'accord. – Tu … ? Je ne peux pas passer.	pouvoir se lever
V.: Oui, tout de suite.	

6. Dialogues (§ 2)

Complétez par savoir *ou* pouvoir.

1. – Tu viens avec nous, Nadine? On va jouer aux boules.
   – Non, merci.
   – Pourquoi? Tu ne ... pas y jouer?
   – Si, je ... y jouer. Mais je ne ... pas venir avec vous. Je dois rentrer à la maison. Ma mère m'attend.
2. – Alain, tu ... faire l'exercice d'allemand?
   – Non. On ... demander à Jeanne. Qu'est-ce que tu en penses?
   – Dis donc, Jeanne, tu ... nous expliquer l'exercice d'allemand? Nous ne ... pas le faire.
   – Je veux bien. Mais je ne ... pas faire ça maintenant. Je dois aller chez le dentiste.
3. – Dis, Bruno, tu ... nous montrer comment on fait les crêpes?
   – Vous ne ... pas faire les crêpes? Bon. Alors, je vais vous expliquer.
4. – John et Kate ... très bien parler le français et ils ... l'allemand aussi.
   – C'est bien de ... le français et l'allemand: on ... aller en France et en Allemagne sans problèmes.

7. Régions de France (§ 3) *Reliez les phrases par* qui / que / qu' / où.

a) *La Bretagne*

1. *Exemple:*

> La Bretagne est *une région.* ▷ *Cette région* plaît beaucoup à Bernard.
> La Bretagne est une région **qui** plaît beaucoup à Bernard.

2. Il aime bien aller chez *sa tante Yvette. Elle* habite en Bretagne.
3. Elle a *une grande maison. Cette maison* se trouve au bord de la mer.
4. Bernard aime partir avec *les pêcheurs. Ils* vont tous les jours en mer.
5. En Bretagne, il a *un copain. Son copain* est le fils d'un pêcheur.

b) *La Provence*

1. *Exemple:*

> La Provence est *une région.* ▷ Janine aime beaucoup *cette région.*
> La Provence est une région **que** Janine aime beaucoup.

2. Il y a *des monuments romains.* On peut visiter *ces monuments.*
3. Il y a aussi *de vieux villages.* Tous les touristes trouvent *ces villages* très beaux.
4. En Provence, M. Clavel a *un ami.* Il va voir souvent *son ami.*
5. L'ami de M. Clavel habite *une très vieille maison.* Tous les touristes photographient *cette maison.*

c) *Autres régions.* 1. *Exemple:*

> L'Alsace est *une région.* ▷ On peut voir beaucoup de jolis villages *dans cette région.*
> L'Alsace est une région **où** on peut voir beaucoup de jolis villages.

2. Strasbourg est *une ville d'Alsace.* Il y a une très belle cathédrale *dans cette ville.*
3. M. Clavel aime bien *l'Auvergne.* La nature est très belle *en Auvergne.*
4. Il n'aime pas tellement *la côte d'Azur.* Il y a trop de monde en août *sur la côte d'Azur.*

8. Viviane écrit à une copine. (§ 3)

Complétez par qui / que / qu' / où.

Paris, le 24 août

Chère Marie-Pierre,

1. Nous voilà donc à Paris. Je t'écris d'un café ... se trouve en face du centre Pompidou. 2. C'est un bâtiment très moderne ... il y a un musée, une bibliothèque et un cinéma, mais ... ne me plaît pas tellement.

3. Paris est une ville ... j'aime beaucoup. 4. Nous avons visité, avec nos cousins, tous les monuments ... il faut voir quand on est ici. 5. Mais ils veulent aussi nous montrer la province: notre oncle a un ami ... va nous prendre dans sa voiture. 6. Il va à Valence ... il a un rendez-vous d'affaires.

7. De Valence, nous allons nous rendre en Provence ... nous voulons passer quatre ou cinq jours. 8. Avec tous les monuments romains et les vieux villages ... on peut y visiter, je ne vais pas m'ennuyer! 9. Comme tu sais, ce sont des choses ... m'intéressent beaucoup.

10. De Provence, nous allons nous rendre sur la côte d'Azur ... nos cousins trouvent très jolie et ... il fait toujours très beau, en août.

Bon. Maintenant, je te quitte.

Grosses bises. *Viviane*

9. Situations

a) *Employez l'expression qui convient.*

1. Une amie de tes parents, qui habite en Bretagne, t'invite à passer 15 jours chez elle. Qu'est-ce que tu lui dis?
2. M. Martin rentre à la maison un soir et dit à sa femme: «En août, on va passer trois semaines sur la côte d'Azur. On va se trouver un bel hôtel. On va manger dans des bons restaurants. On va faire des promenades en bateau. On va ...» Qu'est-ce que sa femme lui dit?
3. Tu demandes à un monsieur où se trouve la gare. Il te dit qu'il faut aller tout droit et prendre ensuite la deuxième rue à gauche. Tu lui dis merci. Qu'est-ce qu'il te répond?
4. Tu te baignes. Tu dis à ton copain de venir se baigner, mais il te répond que l'eau est trop froide. Qu'est-ce que tu lui dis?
5. Tu proposes à Jacques, ton copain français, et à sa sœur de venir passer une semaine chez toi. La sœur de Jacques ne fait pas d'allemand au collège. Que dit la mère de ton copain?
6. Une copine te raconte qu'on lui a volé son argent au collège. Qu'est-ce que tu lui dis?

- ✦ Je vous en prie.
- ✦ Le problème, c'est que Catherine ne sait pas l'allemand.
- ✦ Chouette! Tu es vraiment sympa, Monique.
- ✦ Ah bon? Eh bien, ça alors!
- ✦ Mais non, voyons, elle est très chaude!
- ✦ Tu parles! On n'a pas d'argent!

b) *Lisez ces expressions.*

1. J'en ai marre, je pars!
2. Tiens! maman n'est pas là.
3. Il / Elle te va très bien.
4. Bon voyage, et bonnes vacances!
5. Donne le bonjour à tes parents.
6. Je vous dois combien?
7. Vous avez l'heure?

Trouvez, pour chaque expression, une situation où on peut l'employer. Exemple:

Expression: J'en ai marre, je pars!
Situation: Gérard donne une fête. Annie, une de ses copines, s'ennuie beaucoup: les jeunes qui sont là ne dansent pas, ils parlent du collège. Elle va voir Gérard et lui dit: «J'en ai marre, je pars!»

Leçon 2

A Tout est complet.

1. Janine, Bernard et leurs cousins ont passé cinq jours en Provence. Ils ont visité Avignon; ils ont vu aussi le Pont du Gard, Nîmes et Arles. La région a beaucoup plu à Viviane et François. Les deux jeunes gens se sont beaucoup intéressés aux monuments romains. Bernard s'est un peu ennuyé. «Toi, rien ne t'intéresse!», lui a dit sa sœur. D'Arles, les quatre jeunes se sont rendus sur la côte d'Azur. Maintenant, ils sont à Cassis.

2. Il est 5 heures de l'après-midi. Devant l'auberge de jeunesse, Janine, Viviane et François attendent Bernard, qui arrive.

Janine: Alors?

Bernard: C'est complet. Il n'y a plus une seule place.

Viviane: Il n'y a pas une autre auberge, près d'ici?

Bernard: Si, il y en a une à 10 kilomètres. Seulement, sur la Côte, tout est complet.

François: On pourrait peut-être coucher à l'hôtel. Qu'est-ce que vous en pensez?

Bernard: Tu parles! Comment veux-tu trouver un hôtel bon marché, ici?!

Janine: Attendez, j'ai une idée: on va dormir sur la plage.

Bernard: Sur la plage? Mais c'est interdit!

Janine: Et alors?

Bernard: Et alors? Les gendarmes vont venir et nous dire de partir.

Janine: Ce n'est pas sûr! Ils ne passent pas sur la plage tous les soirs … Ecoute, Bernard: on n'a pas le choix. Avec l'argent qu'on a, on ne peut pas se payer une chambre d'hôtel à Cassis.

Bernard: Qu'est-ce que vous en pensez, vous deux?

Viviane: Moi, je suis d'accord pour coucher sur la plage.

François: Moi aussi.

Bernard: Bon. Alors, prenons nos affaires et allons à la plage.

3. Il est 9 heures du soir. Tout le monde est dans la rue. Personne ne dort. Les vieux sont assis devant leur porte et regardent les passants. Ici, les gens prennent leur temps. Ils marchent sans se presser, s'arrêtent pour parler à des amis. Sur une petite place, quatre hommes jouent aux boules. Et trente personnes les regardent.

4. Sur la plage, Bernard, Janine et leurs cousins sont assis, avec d'autres jeunes, près d'un joueur de guitare. «C'est vraiment sympa, la côte d'Azur», pensent Viviane et François.

A 1. Sur la plage

Il est 9 heures du soir. Gilbert, le joueur de guitare, parle avec Janine. Gilbert est de Lyon. Il est en vacances à Cassis avec des copains. Voilà les questions de Gilbert. *Jouez la scène.*

1. Qu'est-ce que tu as visité, en Provence?
2. Est-ce que la région a plu à tes cousins?
3. Quand est-ce que vous êtes arrivés à Cassis?
4. Où est-ce que vous allez coucher, cette nuit: à l'auberge de jeunesse?
5. Tu sais que c'est interdit?
6. Dis donc, elle est sympa, ta cousine. Elle s'appelle comment?
7. Vous n'avez pas envie d'aller faire un tour en ville avec moi, tous les quatre? (*Janine:* Attends, je vais demander ...)
8. Ils sont d'accord?
9. Bon. On y va?

2. En ville (§ 4) *Complétez par* rien ne … *ou* personne ne …

Janine, Bernard, leurs cousins et Gilbert sont assis à la terrasse d'un café-restaurant. Ils regardent les passants.

1. *Viviane:* Quel monde!
2. *Gilbert:* Tu sais, ici, … se couche avant minuit.
3. *Janine:* Ça alors! … s'occupe de nous! Qu'est-ce qu'il attend pour nous servir, le garçon?
4. *Gilbert:* Que veux-tu, on est sur la côte d'Azur. Ici, … se presse. Ce n'est pas comme à Paris. – Dis donc, Bernard, tu t'es vraiment ennuyé, en Provence?
5. *Janine:* Oh, tu sais, mon frère, … l'intéresse, … lui plaît, … l'amuse!
6. *Bernard:* Qu'est-ce que tu racontes? Je m'intéresse à beaucoup de choses. Mais pas aux monuments. C'est comme ça. … est parfait!
7. *Gilbert:* Vous avez vu les fruits de mer?
8. *Viviane:* Où ça?
9. *Gilbert:* Sur la table, près du bar.
10. *Viviane:* Ah oui! – Mais … en mange. C'est curieux.
11. *Gilbert:* Ils sont très chers. Alors, … peut se les payer.
12. *Bernard:* Oh, les fruits de mer, ce n'est pas très nouveau. On en trouve aussi à Paris.
13. *Janine:* Tiens, tu vois bien que … t'intéresse!

3. Gilbert raconte: (§ 5) *Complétez par les verbes donnés. Employez le passé composé.*

Une calanque, près de Cassis.

«L'autre jour, je suis allé à la pêche avec une copine. 1. Nous *(se lever)* à 6 heures du matin. 2. Nous *(se rendre)* dans une calanque où il y a souvent des pêcheurs. 3. Entre 7 heures et 10 heures, nous n'avons rien attrapé. Alors, ma copine *(se baigner),* et moi, je *(se mettre)* près d'un bateau pour dormir un moment. 4. Ensuite, nous *(se promener)* un peu au bord de l'eau. 5. Nous *(s'arrêter)* sur une petite plage. 6. Nous avons vu alors un bateau, et dans le bateau, deux jeunes filles. A un moment, l'une d'elles *(se mettre)* très près du bord et paf! le bateau *(se retourner).* 7. Les deux filles *(se retrouver)* dans l'eau. 8. Ma copine m'a dit alors: «Regarde, elles ne savent pas très bien nager!» Et elle *(se mettre)* à l'eau. 9. Je *(se mettre)* à l'eau aussi et nous avons nagé très vite. Nous avons pu les ramener au bord, mais quelle histoire!»

B Une mauvaise surprise

1. *Le lendemain matin, à six heures, il n'y a personne sur la plage, mais nos quatre amis sont déjà debout. C'est Viviane qui s'est levée la première et qui a réveillé les trois autres.*

Viviane: On va se baigner? Un bon bain, le matin, ça fait du bien!

Une demi-heure après, les quatre jeunes sortent de l'eau.

Bernard: On va prendre une douche? Ce sel, ce n'est pas très agréable.

François: Moi, je veux bien. Mais où?

Bernard: Eh ben! sur la plage! Il y a une douche à 300 mètres d'ici. Je l'ai vue hier, quand on est arrivés.

Nos quatre amis vont se doucher, puis ils reviennent à l'endroit où ils ont dormi. Mais là, quelle surprise!

Bernard: Mince alors! Où sont nos vêtements? *Janine:* Et nos sacs? *François:* Et mon jean?

Viviane: Mon sac de voyage avec mes papiers, la jupe que j'ai mise une seule fois, les chaussures que j'ai achetées à Valence!

Janine: Ça alors! On nous a pris toutes nos affaires!

Bernard: Qui donc? On n'a vu personne sur la plage. Et quand on est allés se doucher, personne n'est venu ici!

Janine: Qu'est-ce que tu en sais?

2. *Une heure plus tard, ils sont à la gendarmerie.*

Un gendarme: Alors, les jeunes, vous avez des problèmes?

Janine: Oui, quelqu'un a volé nos affaires!

Bernard: Cette nuit, nous avons dormi sur la plage ...

Le gendarme: Sur la plage!! Vous ne savez pas que c'est interdit?!

Bernard: Ben ...

Le gendarme: Bon. Continuez.

Bernard: Ce matin, très tôt, nous nous sommes baignés; ensuite, nous sommes allés prendre une douche à 300 mètres de là et ...

Le gendarme: Et quand vous êtes revenus, vous n'avez rien retrouvé. C'est bien ça?

Bernard: Eh oui!

Le gendarme: Bon. Vous êtes arrivés quand, à Cassis?

Janine: Hier.

Le gendarme: Aujourd'hui, nous sommes le 2 ... Le 1er septembre, donc.

A ce moment, un homme entre dans la gendarmerie.

Le gendarme: Tiens! Salut, Pierrot! Alors, tu as fait bonne pêche, ce matin?

Pierrot: Ah oui! Quatre sacs de voyage, quatre jeans, trois tee-shirts, une chemise ...

Viviane: Mais, ce sont nos affaires! Où est-ce que vous les avez trouvées?

Le gendarme: Pierrot nettoie la plage, le matin. Et quand il trouve, euh ... des vêtements, par exemple, que les gens ont oubliés, il les apporte à la gendarmerie.

2

B 1. A la gendarmerie (§ 5) *Complétez. Employez le passé composé.*

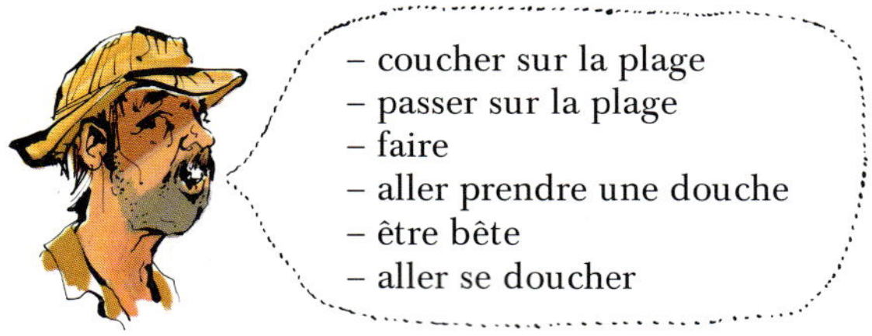

1. *Pierrot:* Ah bon? Ce sont vos affaires? Vous ..., cette nuit?
2. *Janine:* Oui. On ... à l'auberge de jeunesse. Et avec l'argent qu'on a, on ne peut pas se payer une chambre d'hôtel à Cassis.
3. *Pierrot:* C'est curieux, je n'ai vu personne quand je ....
4. *Bernard:* Ecoutez: ce matin, nous ....
5. *Viviane:* Oui, je ... un peu avant 6 heures. Et j'....
6. *Pierrot:* Et qu'est-ce que vous ... après?
7. *François:* Après, on ....
8. *Pierrot:* Et après le bain?
9. *Janine:* Nous ....
10. *Pierrot:* Où ça?
11. *Viviane:* A 300 mètres de l'endroit où nous ....
12. *Pierrot:* Ah! maintenant, je comprends: je suis passé pendant le moment où vous ....
13. *Bernard:* Et là, vous .... C'est bien ça?
14. *Pierrot:* Oui, c'est ça. Vous avez dû avoir une mauvaise surprise!
15. *François:* Ah oui! On ....
16. *Pierrot:* Je m'excuse. Mais, entre nous, vous ... de ne pas prendre vos affaires avec vous, quand vous .... Vous savez, il n'y a pas seulement des touristes, sur la Côte; il y a aussi des voleurs!

2. Bonnes vacances! (§§ 1, 5)

a) M. Poulin va passer une semaine sur la côte d'Azur.
Il se dit:
«**Je vais me coucher** tard. Je ...»
Continuez.

b) Mais **il ne s'est pas couché** tard.
Il ne .... *Continuez.*
Pourquoi? Parce qu'il a été malade pendant toute la semaine.

c) Après son retour, un voisin lui demande:
«Alors, vous avez passé de bonnes vacances? **Vous vous êtes couché** tard? Vous ... ?» *Continue*

d) M. Poulin lui répond: «Non, je n'ai pas passé de bonnes vacances. Je ne ...» *Continuez.*

3. Rien ne va plus. (§ 4)

a) *Lisez les exemples.*

Question		Réponse				
– Tu fais **quelque chose?**	– Non,	je	**ne**	fais	**rien.**	
– Tu as fait **quelque chose?**		je	**n'**	ai	**rien**	fait.
– Tu veux faire **quelque chose?**		je	**ne**	veux	**rien**	faire.
– **Quelque chose** te plaît?		**rien**	**ne**	me plaît.		
– Tu vois **quelqu'un?**		je	**ne**	vois	**personne.**	
– Tu as vu **quelqu'un?**		je	**n'**	ai vu	**personne.**	
– Tu veux voir **quelqu'un?**		je	**ne**	veux voir	**personne.**	
– **Quelqu'un** t'écoute?		**personne**	**ne**	m'écoute.		

b) *Maintenant, faites l'exercice.*
Un mercredi soir, Bruno téléphone à son copain Patrick.
Répondez à la place de Patrick.
Employez ne … rien / Rien ne … / ne … personne / Personne ne … .

1. – Qu'est-ce que tu as fait cet après-midi? – Je n'ai … .
2. – Tu as bien téléphoné à quelqu'un?
3. – Alors, quelqu'un t'a téléphoné?
4. – Est-ce que le disque que je t'ai donné te plaît? – Non, en ce moment, … .
5. – Quelqu'un est venu chez toi?
6. – Alors, tu as été voir quelqu'un?
7. – Tu as bien lu un journal ou une revue?
8. – Mais qu'est-ce que tu as?
9. – Mais si. Allez, raconte.

Patrick: Bon, d'accord. Annie, tu sais, ma copine, eh bien, elle m'a quitté. Alors, je … veux … faire et je … veux voir … .

4. C'est quand, ton anniversaire? (§ 6)

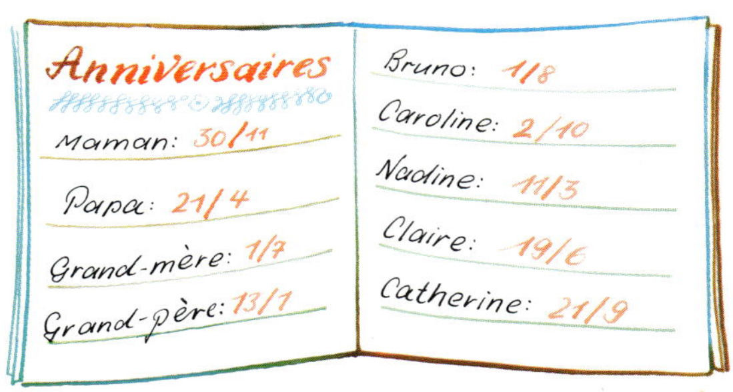

a) *Alain:* Dis, Jeanne, c'est quand, déjà, l'anniversaire de maman?
Jeanne: L'anniversaire de maman? C'est **le 30 novembre.**

b) *A vous.* Et toi, c'est quand, ton anniversaire?

[5. Au bord de la mer] (§ 7)

Regardez les images, puis répondez aux questions. Exemples:

– Qui fait du bateau: un monsieur et une dame?
– Non, **ce sont / c'est** deux jeunes filles **qui** font du bateau.
– Qu'est-ce que les jeunes filles portent: des chemisiers?
– Non, **ce sont / c'est** des tee-shirts **que** les jeunes filles portent. / **qu'**elles portent.

1. Qui est assis très près du bord de l'eau: Viviane?
2. Qu'est-ce qu'elle lit: le journal?
3. Qui est debout à côté d'elle: un gendarme?
4. Qu'est-ce qu'il lui donne: du chocolat?
5. Qui joue de la guitare: Gilbert?
6. Bernard, François et Gilbert sont assis à côté de Viviane. Qu'est-ce qu'ils boivent: de l'eau minérale?

[6. Dialogues] (§ 8)

Faites des dialogues entre ....

1. ... deux touristes, à Paris. Ils s'intéressent tous les deux à la photo. (photographier la place du Tertre? / photographier le centre Pompidou? / Je ne le trouve pas beau.)

Exemple:

– Vous avez **photographié la place du Tertre?**
– Oui, je **l'**ai **photographiée.**
– Vous avez **photographié le centre Pompidou?**
– Non, je ne **l'**ai pas **photographié.**
– Pourquoi?
– Je ne le trouve pas beau.

2. ... Mme Berger et son fils Jacques. Jacques veut aller jouer au foot. (faire son lit? / faire sa chambre? / Je n'ai pas eu le temps.)
3. ... le patron d'un magasin et un de ses vendeurs. Il est 11 heures. Le patron arrive au magasin. (ouvrir les lettres? / ouvrir les paquets? / On a eu beaucoup de clients, ce matin.)
4. ... Jacqueline et son amie Mireille. Elles vont aller à une fête. Jacqueline téléphone à Mireille. (mettre son chemisier jaune? / mettre ses chaussures bleues? / Je ne les aime pas.)
5. ... Luc et son copain Bertrand. Ils vont aller faire un pique-nique. (prendre la bouteille de limonade? / prendre les deux verres? / On peut boire à la bouteille, non
6. ... Catherine et son petit frère. Leur mère n'est pas là. Elle a demandé à Catherine de s'occuper des devoirs de son frère. (apprendre ses leçons? / faire ses problèmes? / Je ne sais pas les faire.)
7. ... Laurence et son frère Pascal. Ils ont invité des copains à manger. (faire la salade? / ouvrir la boîte d'ananas? / Je n'ai rien pour l'ouvrir.)

[ ] Die in rechteckigen Klammern stehenden Übungen können in Bundesländern, in denen die Behandlung der *mise en relief* und des *accord du participe passé avec «avoir»* für das 3. Lernjahr nicht vorgesehen ist, entfallen.

[7. Martine est très curieuse.] (§ 8)

Elle se trouve chez sa copine Françoise. Elle veut tout voir. *Faites des dialogues.*
Exemple:

> – Tu me montres la jupe?
> – Quelle jupe?
> – **La jupe que** tu as **mise** pour aller à la fête de Gérard.

Tu me montres ....

1. ... la jupe? (mettre – pour aller à la fête de Gérard)
2. ... les photos? (faire – en Provence)
3. ... le vase? (faire – à la M.J.C.)
4. ... la carte? (écrire – à Marie-France)
5. ... l'article? (écrire – pour le journal du collège)
6. ... les livres? (prendre – à la bibliothèque)
7. ... les chaussures? (mettre – pour aller à la discothèque)

8. A vous. Faites l'interprète.

Tu te trouves dans une rue de Cassis. Tout à coup, tu entends une dame qui dit: „Das darf doch wohl nicht wahr sein! Am hellichten Tag!" On lui a volé son appareil photo et ses papiers dans sa voiture. Elle ne sait pas le français. Alors, elle te demande si tu veux bien aller à la gendarmerie avec elle.

Un gendarme: Alors, madame, vous avez des problèmes?
Toi: On lui a ....
La dame: Ich habe mein Auto vor der Post geparkt*.
Toi: Elle a ....
La dame: Und dann bin ich zum Strand gegangen.
Toi: ...
La dame: Ich habe gebadet. Und danach habe ich geduscht.
Toi: ...
La dame: Dann bin ich am Strand spazieren gegangen.
Toi: ...
La dame: Danach bin ich zu meinem Auto zurückgekehrt.
Toi: ...
Le gendarme: A quelle heure est-ce que vous avez garé votre voiture devant la poste?
Toi: ...
La dame: Um zwei, halb drei.
Toi: ...
Le gendarme: A quelle heure est-ce que vous êtes revenue à l'endroit où vous avez garé votre voiture?
Toi: ...
La dame: Um Viertel vor sechs.
Toi: ...
Le gendarme: Bon. Continuez.
Toi: ...
La dame: Also: Ich nehme meinen Schlüssel und ich versuche, die Tür meines Autos aufzuschließen. Und da, was für eine Überraschung! Die Tür ist offen.
Toi: Elle prend ....
La dame: Und ich sehe, daß mein Photoapparat und alle meine Papiere nicht mehr da sind.
Toi: ...
Le gendarme: Bon. Alors, il faut faire une déclaration de vol* ... Je vais la faire pour vous.
Toi: ...
Le gendarme: Quels sont vos nom et prénoms?
Toi: ...
La dame: Heidrun Buschmann.
Toi: Son nom, c'est ... et son ....
Le gendarme: Buschmann? Ça s'écrit comment?
Toi: ...
Le gendarme: Et le prénom?
Toi: ...
Le gendarme: Date et lieu de naissance*?
Toi: ...
La dame: Geburtsdatum: 31. August 1942. Geburtsort: Hamburg.
Toi: ...
Le gendarme: Vous avez une adresse à Cassis?
Toi: ...
La dame: Ich bin im Hotel Bellevue.
Toi: ...
Le gendarme: Bien. Et maintenant, vous m'écrivez votre adresse en Allemagne, s'il vous plaît.
Toi: ...
Dix minutes plus tard.
Le gendarme: Tenez, voilà une copie du formulaire de déclaration.
Toi: ...
La dame: Merci, monsieur. Und auch dir vielen Dank. Ich brauche dieses Papier für meine Versicherung.

* *garer sa voiture:* parken; *une déclaration de vol:* eine Diebstahlanzeige; *la date de naissance:* das Geburtsdatum; *le lieu de naissance:* der Geburtsort

Leçon 3

A Je roule pour vous.

Sur un parking de Montélimar, au bord de la Nationale 7, devant un «Routier». Yves Belfont, 32 ans, chauffeur de camion, nous parle de son métier:

– Si j'aime mon métier? Vous savez, c'est une drôle de vie, la vie de routier. Rouler jour et nuit, nuit et jour. Quand il fait soleil, ça va, mais quand il y a du brouillard et du verglas, par exemple, ce n'est pas agréable … Il y a des moments où j'en ai marre, je dois dire … Bon, j'ai choisi ce métier parce que j'aime être libre. Et puis … euh … je vois beaucoup de pays, j'ai des copains sympa … et on me paie bien.

– Eh oui, je fais tous les pays d'Europe: la Suisse, l'Allemagne, la Belgique, les Pays-Bas, le Danemark …

– Là, on vient d'Espagne et du Portugal, mon copain et moi. On va à Paris. On ramène des oranges.

– Ensuite? Eh bien, mardi, on va au Havre pour prendre des machines anglaises qu'on doit livrer en Italie. Et, à Florence … attendez … ah oui! on va charger du vin et après, eh bien, on va aux Pays-Bas.

– Bon, voilà mon copain. Maintenant, je vais me coucher, et il va prendre le volant. – On part, Jeannot?

A 1. Quand on est routier, on voit beaucoup de pays. (§§ 9, 10)

GB A NL L

D I F CH P

DK B E

Belgique (Liège)	→ France (La Rochelle)
Pays-Bas (Rotterdam)	→ Suisse (Neuchâtel)
France (Le Havre)	→ Allemagne (Munich)
Danemark (Copenhague)	→ Luxembourg (Luxembourg)
Angleterre (Londres)	→ France (Le Mans)
Autriche (Vienne)	→ Portugal (Porto)
Allemagne (Magdebourg)	→ Pays-Bas (Amsterdam)

a) – Vous allez dans tous les pays d'Europe, non?
   – Eh oui, je fais tous les pays d'Europe: **l'Angleterre, l'Autriche, ...**

b) – Vous venez d'où?
   – On **vient des** Pays-Bas / **de** Hollande.
   – Et vous allez où?
   – On **va au** Luxembourg.

c) – Ah bon? Vous venez **de** Belgique?
   – Oui, on vient **de** Liège.
   – Et vous allez où, vous dites? **En** France?
   – Oui, on va **à** La Rochelle.

2. Sur un parking, devant un «Routier» (§§ 9, 10)

1. Voilà un camion **hollandais.** Il a chargé des oranges **espagnoles.**
2. (D) machines d'Angleterre
3. (L) chaussures d'Italie
4. (I) beurre du Danemark
5. (A) magnétophones d'Allemagne
6. (L) vin du Portugal
7. (CH) voitures des USA
8. (E) meubles d'Angleterre
9. (B) tomates de Hollande
10. (DK) fruits de mer du Canada

3. Dans une auberge de jeunesse (§§ 9, 10) *Faites les dialogues.*

1. – Vous vous appelez comment?
   – Moi, je m'appelle Ralf et ma copine, elle s'appelle Heidi.
   – Vous êtes Allemands?
   – Oui, on est de Cologne. Tu as déjà été en Allemagne?
   – Oui, j'y suis allé(e) une / deux / ... plusieurs fois. / Non, je n'y suis jamais allé(e).
2. – Tu t'appelles comment?
   – Je ...

1. Ralf et Heidi	Cologne	Allemagne
2. Marieke	Amsterdam	Pays-Bas
3. Carmen	Barcelone	Espagne
4. Maria et Luise	Vienne	Autriche
5. Marco et Tino	Florence	Italie
6. Thomas	Bâle	Suisse
7. Françoise et Pierre	La Rochelle	France
8. Diane et Patricia	Québec	Canada

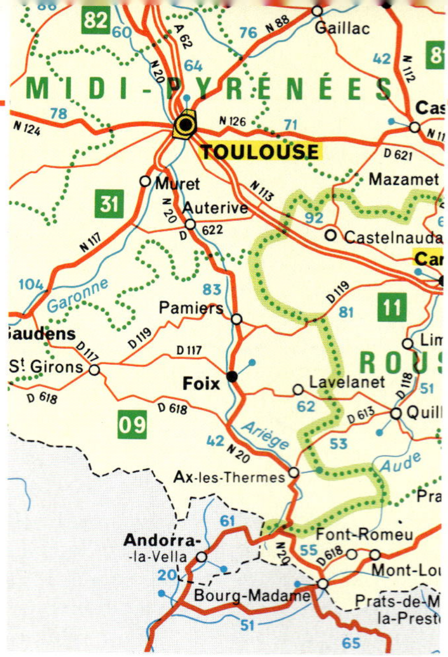

© D'après carte du Pneu Michelin N° 910, édition 1982

B Rien à déclarer?

1. – Vous avez quelque chose à déclarer?
– Non. Rien.
– Vous pouvez passer. Bonne route, monsieur!
– Merci.

2. M. Cathala est content. Il a laissé derrière lui la frontière entre l'Andorre et la France. Maintenant, il roule sur la Nationale 20 qui descend vers Toulouse, où il habite. «Dans deux heures, je vais être chez moi», se dit M. Cathala. Il ne roule pas vite: la nuit commence à tomber et il fait mauvais temps.

3. A la sortie d'un petit village, un homme fait de l'auto-stop. M. Cathala ralentit, puis il s'arrête.
– J'ai manqué le dernier train pour Foix. C'est sur votre route?
– Oui. Montez.
Il commence à neiger. Les deux hommes ne parlent pas. Tout à coup, après un virage, M. Cathala voit des douaniers qui arrêtent les voitures.
– Mince! la douane volante!

4. Mais les douaniers lui font signe de continuer.
– Ouf! j'ai eu de la chance. Avec eux, on ne sait jamais.
– De la chance? Pourquoi?
– Eh bien, j'ai acheté pas mal de choses en Andorre.
– Ah?!
– Il faut vous dire que j'ai trois filles. Pour elles, j'ai pris des produits de beauté et du parfum. Et puis, des cigarettes pour mon frère. Moi, je ne fume pas, mais lui, il faut voir ça, il fume deux paquets par jour! Enfin, des petits cadeaux pour ma femme et pour mes parents.
– Et vous n'avez rien acheté pour vous?
– Si. Du cognac et du pastis. Vous savez, en Andorre, tout cela est bon marché.

5. A Ax-les-Thermes, M. Cathala s'arrête à une station-service. Il fait le plein. Pendant ce temps, le monsieur va téléphoner. Puis les deux hommes reprennent leur route.

6. Peu après Ax, le monsieur dit:
– Je regrette, mais je dois vous dire que je suis inspecteur des douanes. J'ai téléphoné à Foix, à notre bureau. On nous attend.
M. Cathala est très surpris.
– Inspecteur des douanes!! Ecoutez, je n'ai pas acheté grand-chose, juste quelques petits cadeaux!
– Pourquoi est-ce que vous ne les avez pas déclarés?

7. Les deux hommes ne parlent plus. M. Cathala est en colère. Il roule très vite. A un moment, il double un camion dans un virage.
– Voyons, monsieur, calmez-vous! Allons, finissons cette affaire. Vous me donnez 200 F et on n'en parle plus. Je descends à Foix et vous, vous pouvez continuer votre route. Ou bien on descend ensemble. Réfléchissez.
M. Cathala ne réfléchit pas longtemps. Il donne l'argent à l'homme. A la gare de Foix, le monsieur descend.

8. Encore une heure de route. Il ne neige plus, mais il y a du brouillard et il fait un peu de vent. M. Cathala met la radio.

«Ici, Radio-Toulouse.
Notre programme de musique espagnole est fini. Attention! La police recherche un homme de 40 ans qui se fait passer pour un inspecteur des douanes. Il fait de l'auto-stop et demande de l'argent aux automobilistes qui ont fait des courses en Andorre ou en Espagne et qui n'ont rien déclaré. Il porte un anorak vert et a une serviette noire. Ces derniers jours, on l'a vu plusieurs fois sur la Nationale 20, près de la frontière de l'Andorre.»

B

1. Bonne route, M. Cathala!

a) *Relisez le texte «Rien à déclarer?», puis trouvez un titre pour chaque paragraphe. Ecrivez les titres au tableau. Exemple:* 1. A la frontière.

b) *Regardez les titres que vous avez trouvés et résumez le texte:* «M. Cathala passe la frontière entre l'Andorre et la France ... »

2. Soldes (§ 11)

Monique – Chantal et Christine	Mireille – Nadine	Pierre – Luc et Olivier	François – Marc	Eric – Nicole et Sylvie

a) *Posez des questions à vos camarades.*

1. – Est-ce que Monique **a choisi?**
   – Oui. Elle prend un chemisier noir.
   – Et Chantal et Christine?
   – Elles n'**ont** pas encore **choisi.** Elles **réfléchissent.**
2. – Est-ce que Mireille ... ? *Continuez.*

b) *Faites les dialogues.*

1. *Monique:* Chantal et Christine, vous **avez choisi?**
   Chantal: Non, pas encore. Nous **réfléchissons.** Et toi?
   Monique: Moi, je prends ce chemisier noir. Il me plaît bien. / Je le trouve beau. / ...
2. *Mireille:* Nadine, tu ... ?

3. Dialogues (§ 11) *Accordez les verbes.*

1. Dans le métro:
   – A quelle heure est-ce que vous *(partir)* au travail le matin?
   – Je *(partir)* à 8 heures de chez moi et j'arrive au magasin à 9 heures moins le quart. On *(ouvrir)* à 9 heures.
   – Et vous *(finir)* votre travail à quelle heure?
   – Je *(finir)* à 7 heures.
2. Cadeau d'anniversaire. Mme Martin à son mari:
   – Bon. Alors, qu'est-ce que nous *(offrir)* à Monique pour son anniversaire?
   – Eh bien, je ne sais pas, moi, on lui *(offrir)* un disque?
   Ils vont dans un grand magasin:
   – Les disques? C'est ici, messieurs dames. Regardez et *(choisir)*.
   M. et Mme Martin *(réfléchir)* un moment, puis ils *(choisir)* un disque de Brassens. Ils paient et *(sortir)* du magasin.
3. En voiture; M. Fabre à M. Tonge:
   – Hé! vous roulez trop vite! *(Ralentir)* un peu! Mais, vous ne répondez pas. Vous *(dormir)*?
   – Non, je ne *(dormir)* pas. Je *(réfléchir)*.
4. Deux clochards au restaurant:
   – Tu as *(choisir)*?
   – Oui, je prends le repas à 70 F. Garçon, s'il vous plaît.
   Le garçon ne les *(servir)* pas. Il *(ouvrir)* la porte et leur dit: «*(Sortir)*!» Mais les clochards ne *(sortir)* pas. L'un d'eux montre trois billets de 100 F au garçon. Le garçon dit alors: «Bon, ça va, je vais vous *(servir)*.»

4. Quel temps fait-il?

Il fait beau. / Il fait soleil.		
Il fait mauvais temps.	Il pleut.	Il fait de l'orage.
Il neige et il y a du verglas.	Il y a du brouillard.	Il fait du vent.
0° Il fait zéro.	−2° Il fait moins 2.	+3° Il fait plus 3.

Faites les dialogues. Exemple:

– Il fait quel temps à Paris?
– Il pleut.
– Et il fait quelle température?
– Il fait plus deux.

5. Alors, qu'est-ce que vous prenez? (§ 12)

Il y a une fête à la M.J.C. Yves, Monique et Gérard sont au bar. Ils prennent des boissons pour eux et pour leurs copains. C'est Philippe qui sert.

Philippe: Bon. Alors, qu'est-ce que vous prenez?
Monique: **Moi, je** prends du thé.
Philippe: Et Pierre, qu'est-ce qu'il boit?
Yves: **Lui, il** prend . . . .
Philippe: Et vous, Yves et Gérard? . . . /
Et Brigitte? . . . /
Et Christine et Véronique? . . . /
Et Françoise et Eric? / . . .

du thé / de la limonade / . . . jus d'orange / . . . chocolat / . . . eau minérale / . . . cidre / . . . lait / . . .

6. A l'auberge de jeunesse de Strasbourg (§ 12) *Faites les dialogues. Exemples:*

1. *A.:* Dis, Jeanne, il est **à toi,** ce pull?
   B.: Non, il n'est pas **à elle.**
   Jeanne: Si, il est **à moi!** Qu'est-ce que tu racontes?
2. *A.:* Dites, Laurence et Catherine, ils sont **à vous,** ces sacs de voyage?
   B.: Non, ...
   L. et C.: Si, ...

1. Jeanne – pull
2. Laurence et Catherine – sacs de voyage
3. Christophe et Jean – appareil photo
4. Bruno – tee-shirt
5. Maurice et Simone – jeans
6. Marianne – guitare
7. Jean-Luc – anorak
8. Annick et Martine – lunettes de soleil
9. Pierre et Annie – des tennis* *(m)*

7. Familles de mots

a)

Un homme qui a *volé* quelque chose, c'est *un voleur.*
Une femme qui a *volé* quelque chose, c'est *une voleuse.*

Comment est-ce qu'on appelle un homme / une femme . . .
1. . . . qui *joue* de la guitare? 2. . . . qui *voyage?* 3. . . . qui *vend* dans un magasin?

b) Quand on demande des renseignements. *Trouvez le nom ou le verbe.*

1. *Dans la rue.* – Pardon, monsieur, où *s'arrête* le bus n° 31, s'il vous plaît?
   – L' . . . du 31? C'est là-bas, en face du bureau de tabac.
2. *Dans un café.* – Pardon, madame, pour *téléphoner,* s'il vous plaît?
   – Le . . . se trouve au premier étage, mademoiselle. Vous prenez l'escalier.
3. *Dans un grand magasin.* – Pardon, mademoiselle, où se trouve *la sortie,* s'il vous plaît?
   – Pour . . . ? Euh, vous voyez les produits de beauté, là-bas? Eh bien, c'est juste derrière.
4. *Dans une gare.* – A quelle heure *part* le rapide pour Brest, et à quelle heure est-ce qu'il *arrive,* s.v.p.?
   – Alors, . . . 13 h 17, . . . à Brest 16 h 48.
5. *Dans un hôtel.* – Quel monde dans les rues du village! Il y a *une fête* aujourd'hui?
   – Oui, on . . . le 14-Juillet. C'est la . . . Nationale, en France.

* = des chaussures de tennis *(f)*

8. M. Robin et l'inspecteur des douanes *Racontez.*

un auto-stoppeur: ein Anhalter; *un commissariat (de police):* ein Polizeirevier; *un agent (de police):* ein Polizeibeamter

Leçon 4

A Un déjeuner en famille

A 1. Mettre la table

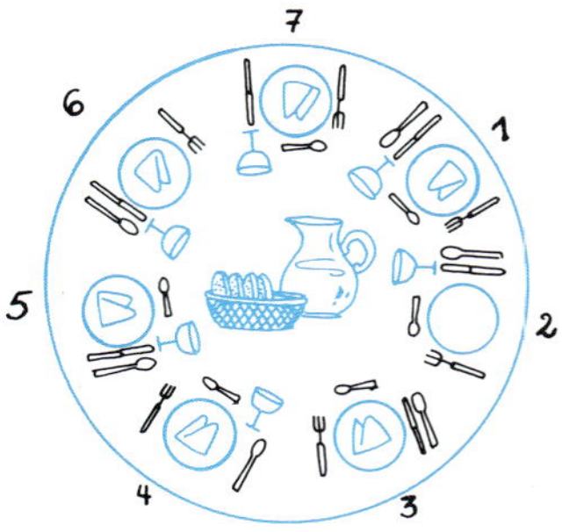

a) Qu'est-ce qu'il faut pour mettre la table?
– Il faut des assiettes, des .... *Continuez.*

b) Ce soir, c'est Serge qui a mis la table.
Est-ce qu'il a tout mis?
Regardez le couvert n° 1.
– Oui, au couvert n° 1, il a tout mis.
Regardez le couvert n° 2.
– Tiens! il n'y a pas de ... *Continuez.*

2. A vous *Répondez aux questions.*

1. Petra n'a plus faim: pourquoi?
2. Est-ce que tu as déjà mangé du pain français? Qu'est-ce que c'est comme pain?
3. Est-ce que tu manges du pain au déjeuner?
4. Qu'est-ce que tu bois à table? Et tes parents?
5. Qui met la table chez toi? Qui enlève les couverts après le repas?

3. Pas de problème! (§ 13)

Exemple:

> Vous avez soif, toi et Monique? – *(se préparer quelque chose à boire)*
> Eh bien! **préparez-vous** quelque chose à boire.

1. Le chat a faim, tu dis? *(donner à manger)*
2. Tu as perdu tes lunettes? *(chercher)*
3. Tu veux passer tes vacances chez tes grands-parents? *(demander s'ils sont d'accord)*
4. Ton pull rouge est trop petit? *(donner à sa petite sœur)*
5. Vous aimez bien Brassens, toi et ton frère? *(s'acheter un disque de lui)*
6. Cette photo te plaît? *(prendre)*
7. Tu as envie de parler à Viviane? *(téléphoner)*
8. Tu veux nous voir demain soir, François et moi? *(inviter à manger)*

4. Serge et Petra (§ 13)

Serge aime bien Petra, la copine allemande de sa sœur. Mais il la taquine souvent.

Serge: Petra, **tu te mets** à côté de moi?
Petra: Pardon? / Comment? Je n'ai pas compris / Qu'est-ce que tu dis?
Serge: **Mets-toi** à côté de moi.
Petra: D'accord. *Faites le dialogue.*

Serge:
1. Tu te mets à côté de moi?
2. Tu me passes le pain, s'il te plaît?
3. Tu te sers?
4. Tu me donnes du vin, s'il te plaît?
5. Bon. Alors, tu te lèves et tu vas chercher une bouteille à la cave.
6. Tu me donnes ton dessert, s'il te plaît?
7. Tu tu presses un peu? On va aller faire un tour en ville, tous les deux.

Petra:
– D'accord.
– Tiens, le voilà.
– Oui, je vais me servir tout de suite.
– Du vin? Il n'y en a plus.
– Moi, aller chercher une bouteille à la cave? Ah non, alors!
– Mon dessert? Non, pas question!
– Je veux bien aller faire un tour en ville, mais pas avec toi!

5. A table

Tu es à la cantine d'un collège, en France. *Faites des dialogues.*

Exemple: – Tu peux me passer le pain, s'il te plaît?
– Oui. Tiens, le voilà.

On te demande/ dit: « . . . »
Tu demandes/ dis: « . . . »
- Tu peux me passer . . . , s'il te plaît?
- Passe-moi . . . .
- Tu veux (encore) . . . ?
- Qui veut (encore) . . . ?
- Tu ne veux plus de . . . ?
- Tiens, sers-toi.
- Je te sers?
- Tu aimes . . . ?
- Tu n'aimes pas . . . ?
- Il est bon, ce . . . , hein?

Tu réponds: « . . . »
On te répond: « . . . »
- (Oui.) Tiens, le voilà.
- Oui, j'en veux bien.
- Non, merci. (Je n'ai plus faim).
- Moi, / – Si, si, (mais juste un peu./ mais un petit morceau./ mais tu n'en mets pas trop, s'il te plaît.)
- Merci.
- Oui, je veux bien.
- Oui,/ Si, j'aime bien.
- Non, je n'aime pas (tellement).
- Oui, il est vraiment très bon.

En France, même pendant la semaine, on prend son temps, à table, – quand on le peut, bien sûr.

Pour pique-niquer, le dimanche, pas de problème! Les épiceries et les boulangeries sont ouvertes jusqu'à midi.

B Un dîner au restaurant

Le chef vous propose

Restaurant
Le Pot-au-feu
13, rue de la Poste
86100 Châtellerault
Tél.: 88.50.09

Menu N° 2 (95 F)

Hors-d'œuvre
au choix:
Salade de tomates
Pâté du chef
Melon glacé

Viandes et légumes
au choix:
Rôti de bœuf
Frites
Côtelettes d'agneau
Haricots verts
Lapin aux herbes fraîches
Petits pois

Plateau de fromages

Desserts
au choix:
Crêpe confiture
Tarte maison
Ananas frais
Glaces

Service compris
Boisson non comprise

1. Les Royer ne sortent pas souvent. Mais aujourd'hui, c'est l'anniversaire de Mme Royer. Alors, M. Royer propose à sa femme et à sa fille Jacqueline d'aller dîner au «Pot-au-feu», un petit restaurant qui se trouve rue de la Poste. Jacqueline n'a pas envie d'y aller. Elle veut rester à la maison.

M. Royer: Ecoute, Jacqueline, tu sors presque tous les soirs ... Avec qui, au fait? ... Un garçon, non? ... Et le jour de l'anniversaire de ta mère, tu ne veux pas aller au restaurant avec nous!

Jacqueline: Ce n'est pas ça. Je veux bien aller au restaurant avec vous, mais pas au «Pot-au-feu». Pourquoi est-ce qu'on ne va pas au «Gourmet», par exemple?

M. Royer: J'ai déjà réservé la table!

Jacqueline: Bon, d'accord, je viens avec vous.

2. Vers 8 heures, les Royer arrivent au «Pot-au-feu». Le garçon leur montre la table réservée. Sur la table, il y a quatre couverts. Il enlève le quatrième.
Sur la carte, il y a trois menus: un à 72 F, un à 95 F et un à 118 F.
Le menu le plus cher propose du poisson et de la viande. Les Royer ne le prennent pas: c'est trop pour le soir! Le menu à 72 F est le moins cher, seulement, il ne propose pas «Fromages et desserts», mais «Fromages ou desserts».
Alors, les Royer choisissent le menu à 95 F.
Comme hors-d'œuvre, M. Royer prend du pâté. Sa femme et sa fille, elles, choisissent la salade de tomates: elles trouvent que la salade est plus légère que le pâté.
– Peut-être, mais c'est moins bon, dit M. Royer, qui aime beaucoup le pâté.
Comme viande, Mme Royer prend du lapin, son mari du rôti de bœuf et Jacqueline des côtelettes d'agneau.

Le garçon: Qu'est-ce que vous prenez comme vin? Vous avez déjà choisi?

M. Royer: Hum! je ne sais pas trop. Qu'est-ce qu'on prend: du rouge ou du rosé?

Mme Royer: Le rouge, c'est aussi bon que le rosé. Et puis, c'est moins cher.

M. Royer: Bon. Alors, prenons du rouge. Avec la viande, le rouge est meilleur que le rosé.

3. Après le fromage, M. Royer veut commander les desserts. Mais voilà le garçon qui arrive avec trois coupes énormes: de la glace avec des fraises. Les Royer sont très surpris.

Le garçon: C'est le fils du patron qui vous offre ce dessert. C'est pour l'anniversaire de madame.

M. Royer: Ça alors! Vous le connaissez, vous deux, le fils du patron?

Mme Royer: Non. Moi, je ne le connais pas; mais lui, il me connaît peut-être .... Hmm! elle est vraiment bonne, cette glace.

M. Royer: Oui, elle est meilleure que la glace qu'on achète au supermarché.

Après le dessert, les Royer prennent le café. Ensuite, M. Royer veut payer.
– L'addition, s'il vous plaît!
Alors, un jeune homme arrive; il apporte quatre cognacs.
– Je peux vous offrir un cognac?
Mme Royer sourit: elle a compris.
– Ah! c'est vous, le fils du patron. Merci pour la glace. C'est vraiment gentil d'avoir pensé à mon anniversaire.
M. Royer ne comprend plus rien. Alors, le jeune homme explique:
– Eh bien, le garçon qui sort souvent avec votre fille, c'est moi. Et c'est elle qui m'a parlé de l'anniversaire de madame. Alors, à votre santé!
– A la vôtre!

B **1. Les Royer au restaurant**

Relisez «Un dîner au restaurant», puis posez à vos camarades des questions sur le texte.

Exemple: – Pourquoi est-ce que M. Royer invite sa femme et sa fille au restaurant?
– Parce que c'est l'anniversaire de sa femme.

Pourquoi …?
Quand …?
Où …?
Combien …?
Dans quel restaurant …?
Qu'est-ce que …?
A quelle heure …?
Qui …?
Est-ce que …?
Comment …?

2. Cinq restaurants de Villeneuve (§ 14)

	nombre de places	*prix des menus*
Le Gourmet	28	98 F … 148 F
Le Pot-au-feu	44	72 F … 118 F
Le Vieux Pont	44	70 F … 108 F
Le Croissant	19	60 F … 90 F
Le Buffet de la Gare	120	50 F … 86 F

a) *Commentez le tableau. Exemple:* Au «Gourmet», il y a 28 places.
Le menu le moins cher est à 98 F, **le plus cher** à 148 F. *Continuez.*

b) Quel est **le restaurant le plus cher** de Villeneuve? Quel est **le moins cher?**
Quel est **le plus petit restaurant** de Villeneuve? Quel est **le plus grand?**

c) *Comparez: regardez le nombre de places et les prix.*
Exemple: «Le Buffet de la Gare» est **plus grand que** «Le Pot-au-feu» et il est **moins cher.**
1. «Le Gourmet» – «Le Pot-au-feu»
2. «Le Croissant» – «Le Gourmet»
3. «Le Vieux Pont» – «Le Pot-au-feu»
4. «Le Croissant» – «Le Buffet de la Gare»

3. A vous (§ 14) *Qui est-ce? Jouez.*

– C'est un garçon? / C'est une fille? – Oui. / Non.
Il / Elle est plus grand(e) que Günter / Bärbel / … ? / moins grand(e) que … ? / aussi grand(e) que … ?
C'est le plus grand / le plus petit / la plus grande / la plus petite de la classe?
Il / Elle est meilleur(e) en français / … qu'en allemand / … ?
Il / Elle a les cheveux blonds / bruns / noirs / … ?
Il / Elle a les yeux bruns / bleus / verts / gris / noirs?
Il / Elle porte des lunettes?

Alors, c'est Ralf / Monika / … ?

4. Questions (§ 14)

a) 1. Est-ce que l'Allemagne est aussi grande que la France?
2. Est-ce que Vienne (en Autriche) est plus grand que Paris?
3. Est-ce que Marseille est la plus grande ville de France?

b) 1. – Est-ce que la glace qu'on mange au restaurant est moins bonne que la glace qu'on achète au supermarché?
– Oui. Moi, je trouve qu'elle est moins bonne. / Non. Moi, je trouve qu'elle ....
2. Est-ce que les crêpes au miel sont moins bonnes que les crêpes à la confiture?
3. Est-ce que les tartes aux pommes sont meilleures que les tartes aux fraises?
4. Est-ce que les repas qu'on prend à la maison sont aussi bons que les repas qu'on prend au restaurant?
5. Quel est le meilleur restaurant de votre ville?

c) 1. Est-ce que le train est aussi agréable que la voiture?
2. Est-ce que passer ses vacances avec ses parents est aussi sympathique que partir avec des jeunes?
3. Est-ce qu'on est aussi libre à l'hôtel qu'en camping?

5. Quels pays est-ce que vous connaissez? (§ 15)

B F NL CH DK
P GB A

a) *Faites les dialogues. Employez le verbe* connaître.
– **Tu connais** la Belgique? / ... ?
– Oui, **je connais.** J'y suis déjà allé(e). /
Non, **je ne connais pas.** Je n'y suis jamais allé(e).
(Mais mon père, lui, il ... / Mais ma mère, elle, elle ... / Mais mes parents, eux, ils ...)

b) *Posez les questions à votre professeur.*
– Est-ce que vous ... la Belgique? / ... ?

6. Au restaurant, en France

Tu passes quinze jours en France chez ton ami(e) français(e).
Un soir, toi, ton ami(e) et ses parents, vous voulez aller dîner au restaurant.

1. A 6 heures, la mère de ton ami(e) téléphone au restaurant: pourquoi?
2. Vous entrez au restaurant. Que demande le garçon? Que répond la mère de ton ami(e)?
3. Le garçon vous montre une table. Qu'est-ce qu'il y a sur cette table?
4. Le garçon apporte la carte. Qu'est-ce qu'on peut voir sur la carte?
5. Quelle autre carte est-ce que le garçon vous donne?
6. Quel vin est-ce qu'on boit avec le poisson? Et avec le rôti?
7. Quand est-ce qu'on commande le dessert?
8. Qu'est-ce que vous buvez après le dessert?
9. Qu'est-ce qu'on dit au garçon quand on veut payer?

7. A vous

a) M. et Mme Amblard sont au «Pot-au-feu». Ils regardent la carte.
Ils parlent d'abord du menu qu'ils vont prendre; ils choisissent le menu à 95 F.
Ensuite, ils parlent des hors-d'œuvre, des viandes et des légumes qu'ils veulent manger et du vin qu'ils veulent boire. Enfin, M. Amblard appelle le garçon et commande.

Faites le dialogue entre M. et Mme Amblard,
puis le dialogue entre M. Amblard et le garçon.

b) *Faites l'interprète.*
Tu es au «Pot-au-feu» avec tes parents et ta sœur.
Vous choisissez le menu à 95 F. Le garçon arrive.
Ton père commande en allemand et toi, tu fais l'interprète.

Formez des groupes, préparez le dialogue avec le garçon, puis jouez la scène.

Un «snack» …

Pour les gens pressés:
on y sert très vite des repas
à toute heure.

… et «le bon petit restaurant»

Pour les gourmets:
c'est plus cher,
mais la cuisine y est meilleure.

zinal

Val d'Anniviers (1680 m)

Une station de Suisse romande

Vous cherchez une station moderne, mais pas snob?
Une station où on trouve la vie d'aujourd'hui,
mais aussi la vie d'autrefois?
Eh bien, venez à Zinal.
Ce village du Valais est situé au pied de très
hautes montagnes, dans le Val d'Anniviers,
une des plus belles vallées des Alpes suisses.
Et Zinal a une longue histoire.

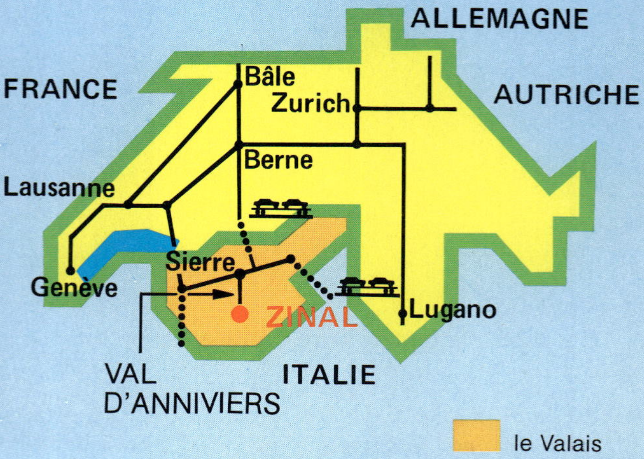

Il y a 15000 ans, les hommes ne pouvaient pas vivre dans les Alpes: un énorme glacier couvrait toutes ces montagnes.

On pense que l'arrivée des premiers hommes dans le Valais date de l'an 5000 avant Jésus-Christ. Mais on ne sait pas depuis quand Zinal est habité.

Le premier document où on parle de Zinal est du 16e siècle. En ce temps-là, les habitants du Val d'Anniviers vivaient comme des nomades. Ils passaient les mois de janvier et de février dans le Val. Puis, ils se rendaient pour quelques semaines dans leurs vignes de la Vallée du Rhône. Ensuite, ils remontaient pour cultiver leurs champs, et, en juin, il leur fallait partir pour deux ou trois mois dans la montagne, avec leurs vaches.

Au 19e siècle, les habitants de Zinal menaient la même vie que 300 ans avant. Mais on y trouvait un hôtel où descendaient les pionniers de l'alpinisme, des sportifs qui venaient de toute l'Europe.

Au début du 20e siècle, il y avait, à Zinal, plusieurs autres hôtels et le village était une station très connue.

Dans les années cinquante, par contre, on ne voyait plus de touristes, à Zinal. Ils ne venaient plus, parce que la station n'était plus à la mode.

Et les jeunes du village partaient: ils choisissaient de vivre dans la Vallée du Rhône, où il y avait beaucoup d'usines. Leur vie, là-bas, était plus agréable: à la place des huit mois de neige, de glace et de froid, ils y trouvaient neuf mois de soleil et ... du travail.

En 1962, Zinal comptait six habitants, six habitants seulement!

Est-ce que tout était fini?

«En ce temps-là, j'avais 30 ans, raconte M. Denis Melly, une de ces six personnes. J'étais encore jeune, mais je ne voulais pas quitter Zinal. Moi et les autres, nous étions sûrs de pouvoir sauver le village. Nous avions les montagnes: nous pouvions donc attirer de nouveau les touristes. Mais pour ça, il fallait faire de Zinal une station moderne pour les sportifs qui aiment le ski et l'alpinisme. Il fallait aussi en faire une station familiale pour les gens qui aiment, par exemple, les longues promenades dans la nature.

Eh bien, Zinal, c'est tout cela, aujourd'hui.»

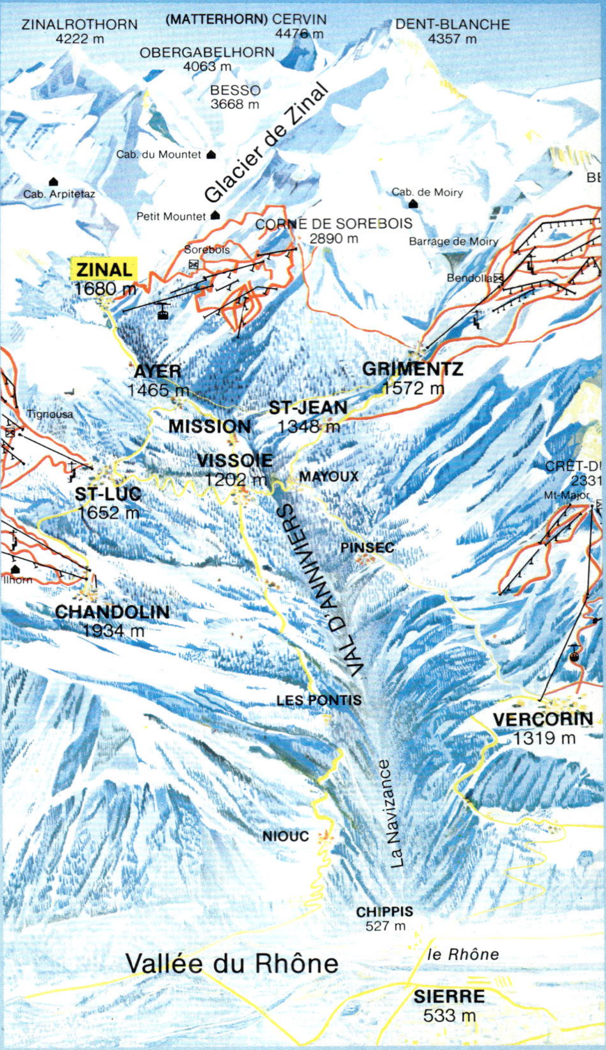

5

A 1. Reparlons du texte.

1. Est-ce que Zinal se trouve en Suisse allemande?
2. Dans quelle vallée est situé ce village du Valais?
3. Pourquoi est-ce que les hommes ne pouvaient pas vivre dans les Alpes, il y a 15000 ans?
4. De quand date l'arrivée des premiers hommes dans le Valais?
5. Parlez de la vie des habitants du Val d'Anniviers au 16e siècle.
6. Qu'est-ce qu'on trouvait, à Zinal, au 19e siècle?
7. Qu'était Zinal, au début du 20e siècle?
8. Pourquoi est-ce que, dans les années cinquante, il n'y avait plus de touristes, à Zinal?
9. Pourquoi est-ce qu'en ce temps-là, les jeunes choisissaient de vivre dans la Vallée du Rhône?
10. Qu'est-ce qu'il fallait faire pour sauver Zinal, dans les années soixante?

Les quatre langues officielles de la Suisse:
allemand *français* *italien* *romanche*

Aujourd'hui ...

2. Un habitant de Zinal nous parle: (§§ 17, 18)

a)

Aujourd'hui, ...	**Autrefois,** dans les années cinquante, ...
1. **nous av**ons un peu d'argent. – – – – →	**nous** n'en **avions** pas.
2. nous **pouv**ons mener une vie agréable.	nous ne le ... pas.
3. nous **viv**ons dans des maisons modernes.	nous ... dans des vieilles maisons.
4. nous **mang**eons bien.	nous ... peu de bonnes choses.
5. nous **part**ons en vacances une ou deux fois par an.	nous ne ... jamais en vacances.
6. nous **all**ons de temps en temps au cinéma.	nous n'y ... jamais.
7. nous **fais**ons beaucoup de sport.	nous ... du ski et de l'alpinisme, mais rien d'autre.
8. nous **travaill**ons beaucoup, bien sûr.	nous ... tous les jours, même le dimanche.
9. nous **finiss**ons tard, le soir.	nous ... encore plus tard.
10. nous nous **lev**ons tôt, le matin.	nous nous ... encore plus tôt.
11. nous nous **sent**ons bien, à Zinal.	nous nous y ... mal.
12. nous ne **voul**ons plus partir.	nous ... quitter le village.
13. nous sommes 160 habitants à Zinal.	nous ... six seulement.

b)

Aujourd'hui, ...	Autrefois, dans les années cinquante, ...
1. les habitants de Zinal ont un peu d'argent.	**ils** n'en **avaient** pas.
2. ils peuvent .... *Continuez.*	

... et autrefois (Touristes à Zinal, en 1880).

3. Il y a 100 ans. (§ § 17, 18)

a) *Lisez cette lettre:*

Zinal, le 15 juillet 1876

Mon cher ami,

Me voilà à Zinal. *C'est* un petit village que presque personne ne *connaît.* Pour y venir, on ne *peut* pas prendre de routes: il n'y en *a* pas. Il *faut* donc y aller à pied. A Zinal, il y *a* une seule rue. Au bord de cette rue, on *voit* de petits chalets.

Dans le village, on *trouve* un hôtel où on *rencontre* des alpinistes qui *viennent* de toute l'Europe: à Zinal, ils *ont* le choix entre cinq montagnes de 4000 m! Cet hôtel, un grand chalet à deux étages, *a* seulement six chambres: deux grandes et quatre petites. Souvent, il *est* plein. Les alpinistes *doivent* alors se rendre dans un des villages voisins, pour trouver un toit et un lit chez un des habitants.

Dans l'hôtel, il n'y *a* pas d'eau: quand on *veut* se laver, il *faut* aller en chercher à 300 m de là. Mais on n'y *mange* pas mal: on y *sert* du pain fait au village, du fromage du Val d'Anniviers et beaucoup d'autres bonnes choses. Les jours de fête, on *peut* même y manger de la marmotte! Comme boisson, on y *propose* un très bon vin blanc. Il *vient* des vignes que les habitants du village *cultivent* dans la Vallée du Rhône. Ils le *mettent* en cave à Zinal, parce que le froid de la montagne en *fait* un vin pas comme les autres, qu'ils *appellent* «le Vin du Glacier».

En juin, juillet et août, on ne *voit* pas les gens de Zinal. Ils *sont* dans la montagne, avec leurs vaches. Tout *est* calme, dans le village. *C'est* très agréable.

Amitiés.

Emile

b) *Dites comment était Zinal en 1876:*
En 1876, Zinal **était** un petit village que presque personne ne **connaissait. ...** *Continuez.*

4. Dans la Vallée du Rhône (§ § 19, 21)

Faites des dialogues. Exemple:

- Cette tour date du 14e siècle.
- De quelle année?
- De 1393.

1. escalier (17e siècle/1655)
2. monument romain (1er siècle/77)
3. route (... siècle/281)
4. château (... siècle/1296)
5. cour (... siècle/1732)
6. pont (... siècle/1471)
7. hôtel (... siècle/1900)
8. cave (... siècle/991)
9. auberge (... siècle/1575)

5

B Camp de ski à Zinal

Un groupe de jeunes de Neuchâtel a participé, en février, à un camp de ski de «Jeunesse et Sport» (J + S), au Centre de Vacances de Zinal. «J + S», c'est une organisation suisse qui propose aux jeunes de 14 à 20 ans des cours dans presque toutes les disciplines sportives. Voilà une partie du journal que Véronique Duvoisin, 15 ans, a écrit pendant la semaine qu'elle a passée à Zinal.

Rémy et le groupe de Véronique

1. Lundi 22 février, dix heures du soir: Première journée de ski à Zinal. Je suis un peu fatiguée – quatre heures de ski, c'est beaucoup! –, mais je suis très heureuse d'être ici. Lorsque nous sommes arrivés, hier après-midi, vers quatre heures, il neigeait et il y avait du brouillard. Ce matin aussi, tout était gris quand nous nous sommes levés: on ne voyait presque rien! A 9 heures, nous avons pris le téléphérique et nous sommes montés jusqu'à Sorebois. Et là-haut, quelle surprise! Il faisait soleil. De plus, la vue sur les montagnes était formidable! «C'est chouette, hein?» a dit Rémy. Je suis contente d'être dans son groupe. C'est le plus sympa de nos moniteurs.

2. Mardi soir: Daniel, Daniel ... Depuis cet après-midi, je pense sans arrêt à lui. Je l'ai vu pour la première fois pendant que j'attendais mon tour, au téléski. Il était juste devant moi. A un moment, il m'a souri. Je lui ai souri moi aussi. Un peu plus tard, je l'ai revu sur la piste. Il skie comme un champion! Ce soir, je suis allée à la discothèque avec Sophie, Bruno et Philippe. Et là-bas – agréable surprise! –, j'ai rencontré Daniel. Quand il m'a vue, il est venu vers moi et il m'a invitée à danser. Il danse très bien: il est aussi bon sur une piste de danse que sur une piste de ski! Daniel a 17 ans. Il est de Genève. Il est en vacances ici avec ses parents. J'espère le revoir demain.

3. Mercredi soir: Quelle histoire! Et tout ça à cause de Daniel! Cet après-midi, vers trois heures, nous étions à Sorebois quand, tout à coup, il a commencé à neiger. Comme, à cause de la neige et du brouillard, on ne voyait plus rien, Rémy nous a dit: «On va prendre la Descente de l'Aigle. Je suis sûr qu'un peu plus bas, il fait meilleur qu'ici.» Rémy s'est mis en tête du groupe et il a dit à Sophie de se mettre à l'arrière pour nous aider en cas de chute: elle est très bonne skieuse. Moi, je me suis mise à l'arrière avec Sophie: j'avais un peu peur, je n'aime pas skier lorsque je vois mal. Et nous avons pris la Piste de l'Aigle. Très vite, j'ai eu des difficultés: je ne me sentais pas bien, je n'étais pas sûre de moi, je tombais sans arrêt.

A un moment, quelqu'un m'a doublée: il est passé tout près de moi, très vite. C'était Daniel: quel idiot! J'ai eu peur et, bien sûr, j'ai fait une chute, mais alors la grosse chute! Mes vêtements étaient pleins de neige. J'avais encore mes bâtons, mais mes skis étaient à dix mètres de moi, et mon bonnet à trois mètres. Mes lunettes de ski étaient cassées. Daniel et Sophie m'ont aidée à me relever. Daniel m'a dit: «C'est à cause de moi que tu es tombée?» Je lui ai répondu: «Pour poser des questions idiotes, tu n'es pas mauvais, je dois dire!» Nous avons alors entendu, dans le brouillard, la voix de Rémy; elle venait d'assez loin: «Véronique! Sophie! Qu'est-ce qu'il y a?» Sophie: «Véronique a fait une chute! Elle n'a rien! On arrive!» Rémy: «Bien! On vous attend!» Sophie était inquiète: «J'espère qu'on va les retrouver. Avec le brouillard et la neige fraîche, on ne sait plus où est la piste.» Daniel a dit alors: «Mettez-vous derrière moi, toutes les deux. Je connais la piste comme ma poche!» Et nous sommes partis. Au bout de quelques minutes, Sophie s'est arrêtée, tout à coup: «On est allés trop loin! On a dû passer à côté d'eux sans les voir!» Mais Daniel, très sûr de lui, a répondu: «Mais non, voyons! Allez, on continue!» Et on a continué à descendre. Peu après, Sophie s'est arrêtée de nouveau: «Ça y est! On est dans la profonde! On n'est plus sur la piste!» Daniel: «Oui, je sais. Et alors?» Sophie: «Et alors? On va se perdre, j'en suis sûre!» Daniel: «Tu parles! On va bien la retrouver, la piste!» On a essayé de la retrouver, mais ... rien à faire! Au bout d'une demi-heure, on a arrêté de chercher. Le soir tombait. Il commençait à faire très froid. J'étais très fatiguée. J'avais envie de pleurer. Et j'avais peur. Daniel ne disait plus rien. Sophie était en colère. Nous avons appelé au secours, mais ... pas de réponse! Nous avons recommencé quelques minutes plus tard. Et là, nous avons entendu: «Sophie! Véronique!» C'étaient des moniteurs de ski de Zinal qui étaient à notre recherche. Nous étions sauvés!

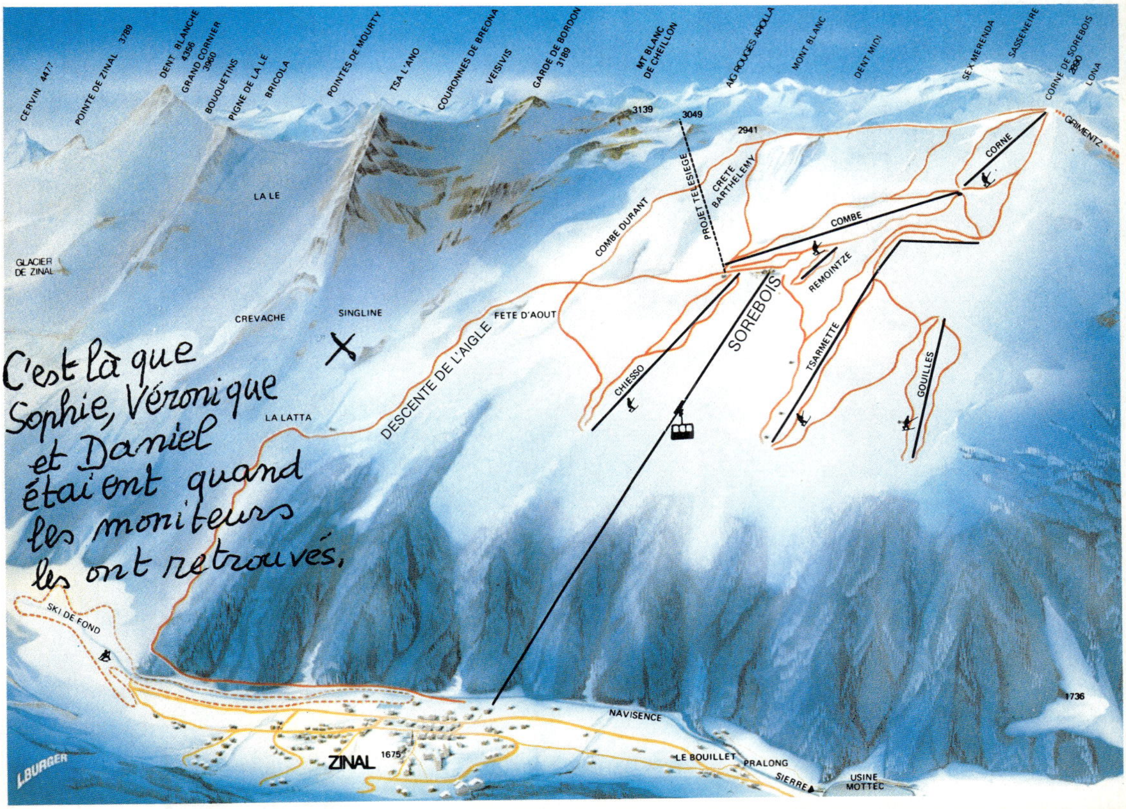

5

B 1. Reparlons du texte.

a)
1. Qu'est-ce que «Jeunesse et Sport» propose aux jeunes de 14 à 20 ans?
2. Quel temps est-ce qu'il faisait quand Véronique est arrivée à Zinal? Et le lendemain matin, à Sorebois?
3. Comment est-ce qu'on fait pour aller de Zinal à Sorebois?
4. Parlez du garçon que Véronique a rencontré.
5. Quand est-ce qu'elle l'a vu pour la première fois?

b) *Corrigez, dans ces phrases, les éléments qui sont faux.*
1. Rémy a proposé à ses élèves de prendre la Descente de l'Aigle, parce qu'il y avait trop de monde sur les pistes, à Sorebois.
2. Il s'est mis à l'arrière du groupe et il a dit à Sophie de se mettre en tête pour montrer aux autres comment il faut skier.
3. Quand Daniel a doublé Véronique, elle est restée calme et elle n'est pas tombée.
4. Elle avait encore son bonnet, mais ses skis étaient à dix mètres d'elle, et ses bâtons à trois mètres.
5. Les trois jeunes gens ont entendu, dans le brouillard, la voix de Rémy; elle venait de tout p
6. Sophie n'était pas inquiète: «Je suis sûre qu'on va les retrouver.»
7. Au bout de quelques minutes, Sophie s'est arrêtée et elle a dit: «Je les entends, ils sont tout près d'ici!»
8. Peu après, elle s'est arrêtée de nouveau: «Ça y est, on a retrouvé la piste.»
9. Lorsque les trois jeunes ont appelé au secours pour la deuxième fois, ils ont entendu: «Sophie! Véronique!» C'était Rémy avec les autres élèves du groupe.

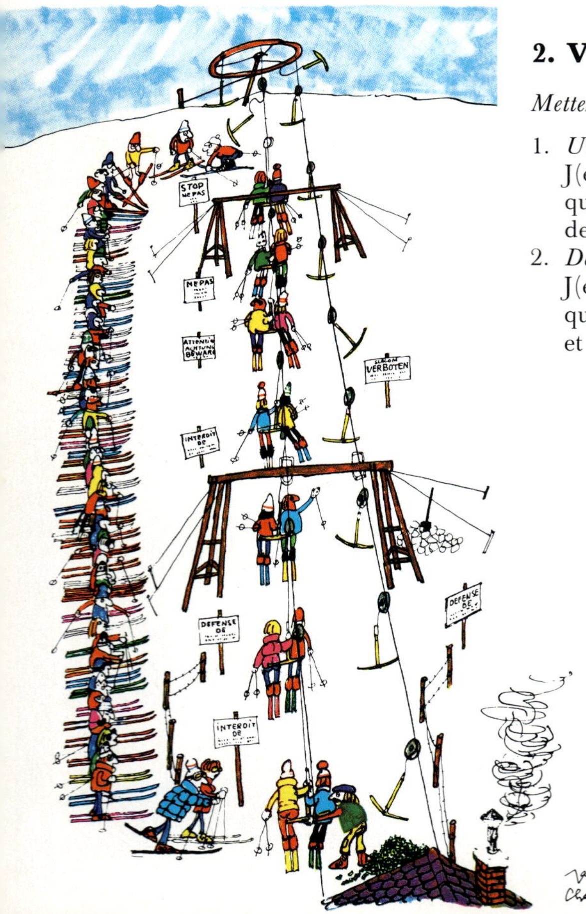

2. Vive le ski! (§§ 22, 23)

Mettez les verbes entre parenthèses au passé composé ou à l'imparfa

1. *Une dame:*
   J(e) ... à Sorebois, *(skier)*
   quand, tout à coup, un idiot ... tout près *(passer)*
   de moi, très vite, et paf! je ... par terre. *(se retrouver)*
2. *Daniel:*
   J(e) ... la Descente de l'Aigle, *(faire)*
   quand, tout à coup, j(e) ... un ski *(perdre)*
   et j(e) ... la plus grosse chute de ma vie. *(faire)*
3. *Rémy:*
   Quand Daniel ... sa chute, *(faire)*
   je ... juste à côté de lui. *(se trouver)*
   Je ... aussi. *(tomber)*
4. *Sophie:*
   J(e) ... un bain de soleil à la terrasse du «Café de la Piste», *(prendre)*
   quand, tout à coup, de la neige ... du toit. Brr! Quelle mauvaise surprise! *(tomber)*
5. *Un moniteur:*
   J(e) ... un cours à un monsieur, *(donner)*
   quand, tout à coup, il ... ses skis *(quitter)*
   et il ... : «Tenez, je vous en fais cadeau. J'en ai marre!» *(dire)*

3. M. Lachute en vacances de neige (§§ 22, 23)

a) *Dites pourquoi M. Lachute a fait tout cela. Employez* comme. *Exemple:*

> M. Lachute désire apprendre à faire du ski. Alors, il s'offre des vacances à Zinal.
> **Comme** M. Lachute **désirait** apprendre à faire du ski, **il s'est offert** des vacances à Zinal.

1. Il veut vraiment bien skier. Alors, il prend des leçons avec un moniteur.
2. Il n'est pas très sportif. Alors, il a très vite beaucoup de difficultés.
3. Il tombe tout le temps. Alors, il arrête de faire du ski.
4. Il s'ennuie. Alors, il commence à beaucoup boire et à beaucoup manger.
5. Il passe tout son temps dans les cafés et les restaurants. Alors, il se fait beaucoup d'amis.
6. Il connaît tout le monde dans le village. Alors, il se dit: «Je vais habiter Zinal.»
7. Il a un peu d'argent. Alors, il s'achète un petit restaurant.
8. Les gens l'aiment bien. Alors, il a tout de suite beaucoup de clients.
9. Il se trouve un peu trop gros. Alors, il recommence à faire du ski.
   Mais du ski de fond, cette fois!

b) *Employez maintenant* parce que. *Exemple:*

> M. Lachute désire apprendre à faire du ski. Alors, il s'offre des vacances à Zinal.
> M. Lachute **s'est offert** des vacances à Zinal, **parce qu'il désirait** apprendre à faire du ski.

4. Sauvés! (§§ 22, 23) *Complétez par les verbes en italique. Réfléchissez: passé composé ou imparfait?*

1.	Comme le soir ... à tomber,	*(commencer)*
	Véronique, Sophie et Daniel ... de chercher la piste.	*(arrêter)*
2.	Comme ils ne ... rien faire d'autre, ils ... au secours.	*(pouvoir, appeler)*
3.	Mais personne ne leur	*(répondre)*
4.	Daniel ... très inquiet. Véronique aussi ... peur.	*(être, avoir)*
5.	Un moment plus tard, ils	*(recommencer)*
6.	Et là, ils ... : «Sophie! Véronique!»	*(entendre)*
7.	Peu après, ils ... deux silhouettes dans le brouillard.	*(voir)*
8.	C' ... deux moniteurs de Zinal qui ... à leur recherche.	*(être)*
9.	*Un des moniteurs:* Eh bien, vous nous ... peur, toutes les deux!	*(faire)*
10.	Tiens, Daniel! Toi aussi, tu ... ?	*(se perdre)*
11.	*Daniel:* Oui, parce que, avec le brouillard et la neige, on ne ... presque rien.	*(voir)*
12.	A un moment, on ... dans la profonde.	*(se retrouver)*
13.	On ... la piste, mais rien à faire!	*(chercher)*
14.	Comment est-ce que vous nous ... ?	*(retrouver)*
15.	*Le moniteur:* Rémy ... tes deux copines pendant un bon moment.	*(chercher)*
16.	Ensuite, il ... un jeune de Zinal qui ... la piste.	*(voir, descendre)*
17.	Il lui ... : «J' ... deux de mes filles. Dis aux gens du téléphérique, en bas, qu'il faut tout de suite faire des recherches. Elles ne doivent pas être loin d'ici.»	*(dire, perdre)*
18.	Moi, j' ... à la station d'arrivée du téléphérique, à Sorebois,	*(être)*
	quand, tout à coup, il y ... un coup de téléphone.	*(avoir)*
19.	Jacques et moi, nous ... à votre recherche, avec d'autres moniteurs.	*(partir)*
20.	Vous ... de la chance!	*(avoir)*

5. Bonne route, M. Cathala! (§§ 22, 23)

Mettez le texte au passé. Imparfait ou passé composé?

1. Il fait presque nuit quand M. Cathala prend la Nationale 20. 2. Pendant qu'il descend vers Ax-les-Thermes, il met la radio. 3. Au bout d'un quart d'heure, le temps change: il commence à neiger. 4. Alors, M. Cathala doit ralentir. 5. Tout à coup, il voit quelqu'un au bord de la route: c'est un homme qui fait de l'auto-stop. 6. M. Cathala s'arrête. 7. Il dit à l'homme de monter. 8. Il neige toujours et les deux hommes ne parlent pas beaucoup. 9. A Ax-les-Thermes, M. Cathal s'arrête à une station-service. 10. Pendant qu'il fait le plein, l'homme va téléphoner. 11. Peu après, il demande 200 F à M. Cathala. 12. Alors, M. Cathala a peur et il lui donne l'argent. 13. A la gare de Foix, l'homme descend et il part.

6. Bruno et Caroline dans un centre de vacances (§§ 22, 23)

Caroline raconte. *Mettez au passé les verbes entre parenthèses.*

«Nous *(être)* dans un grand chalet où *(il y a)* des chambres à quatre ou à six lits. Il nous *(falloir)* faire nos lits et nos chambres. Nous *(devoir)* aussi aider à préparer les repas. Quand il *(faire)* beau, nous *(s'amuser)* dans le champ, devant le chalet, ou nous *(partir)* en promenade. Quand il *(pleuvoir),* nous *(rester)* au chalet; nous *(regarder)* la télé, nous *(écouter)* la radio ou nous *(jouer)* aux cartes.

Un jour, notre moniteur *(proposer)* de faire une longue excursion. Nous *(partir)* tout de suite après le petit déjeuner et nous *(prendre)* la petite route qui passe derrière le chalet. Il *(faire)* très chaud et la route *(monter)* beaucoup.

Vers midi, nous *(s'arrêter),* parce que tout le monde *(avoir)* faim et soif. Bruno *(regarder)* alors dans son sac et il *(dire):* ‹Mince! je *(ne pas prendre)* ma bouteille de limonade!› Il me *(demander)* de lui donner à boire. Mais comme moi aussi, j' *(avoir)* très soif, je lui *(dire):* ‹D'accord. Mais tu en prends juste un peu.› Je lui *(donner)* la bouteille et ... paf! il la *(laisser)* tomber.

La bouteille *(être)* cassée, nous n' *(avoir)* plus rien à boire. Quand il *(voir)* ça, le moniteur nous *(donner)* sa limonade.»

7. Familles de mots

Trouvez les adjectifs.

1. Après sa première journée de ski à Zinal, Véronique a senti de la *fatigue.* Quand on skie pendant quatre heures, on est toujours un peu ... ensuite.
2. Elle a beaucoup de *sympathie* pour Rémy, son moniteur. Il lui est très ....
3. Elle trouve que Sophie est d'une grande *gentillesse.* Elle la trouve très ....
4. Véronique aime la *beauté,* le *calme* de la montagne, et la *liberté* qu'on peut y avoir. Pour elle, tout y est ..., ..., et elle s'y sent ....
5. Lorsqu'elle est allée à la discothèque, mardi soir, elle a eu une *surprise.* Elle a été ... d'y rencontrer Daniel.
6. Daniel skie bien, il fait beaucoup de *sport.* C'est un garçon très ....
7. De temps en temps, il fait des *bêtises,* bien sûr. Mais il n'est pas ....
8. Lorsqu'elle a quitté Zinal, Véronique a senti une grande *tristesse:* elle était très ... de partir.

8. Pas de chance! (§ § 22, 23)

Frédéric Caron, 19 ans, qui habite Paris, a passé huit jours de vacances à Chamonix, dans les Alpes françaises.
Racontez l'histoire au passé. Employez le passé composé ou l'imparfait.
Commencez par: «Quand il est arrivé à Chamonix, il neigeait. Sur le quai, il a vu une très jolie ... Elle ... Le 2e jour, il est allé ... Il a revu la ...»

une cabine: eine Seilbahnkabine; *pour attirer l'attention de qn:* um die Aufmerksamkeit von jdm. auf sich zu lenken; *crier qc à qn:* jdm. etw. zurufen

Leçon 6

Qui est-ce qui a fait le coup?

L'histoire que vous allez lire
s'est passée ici:

Villeneuve; samedi 9 mai, rue Lamartine …

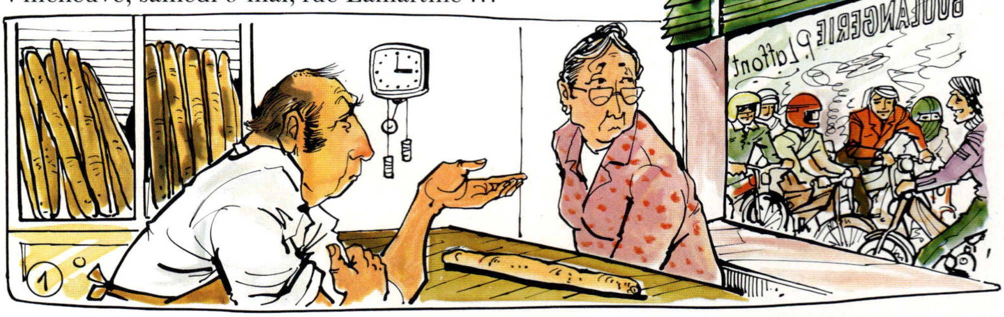

1. Villeneuve; samedi 9 mai, rue Lamartine. Il était 3 heures de l'après-midi, lorsque M. Laffont a quitté son appartement pour descendre dans sa boulangerie. Une cliente attendait devant la porte. Il a ouvert et elle est entrée.

La cliente: Quel bruit! On ne s'entend plus!

M. Laffont: Je vais vous dire une chose, Mme Jacquin: j'en ai marre de ces jeunes avec leurs mobylettes, mais alors, vraiment marre! Vous avez vu: ils se mettent sur le trottoir, devant ma porte, sans arrêter leurs moteurs. Non seulement ils font un bruit énorme, mais en plus, il y a plein de fumée dans le magasin.

La cliente: Oui. Ça sent mauvais ici.

M. Laffont: Et ce n'est pas tout. Vous savez ce qu'ils font quelquefois? Ils empêchent les clients d'entrer, ou bien ils se moquent d'eux.

La cliente: C'est vrai?

M. Laffont: Eh oui! ... Pourquoi est-ce qu'ils ne vont pas faire ça devant chez Gardet? Ah, lui, il n'a pas de problèmes! Il a ouvert sa boulangerie-pâtisserie il y a deux ans. Et maintenant, il vient d'ouvrir un salon de thé au premier étage. En deux ans, il m'a pris beaucoup de mes clients.

La cliente: Dites, M. Laffont, pour reparler des jeunes: j'ai déjà discuté avec deux ou trois d'entre eux – Jacques Lacroix, le fils du dentiste, et Stéphane Duval, le fils du chauffeur de taxi, par exemple, – eh bien, ils ne sont pas si méchants que ça. Et puis, ils s'intéressent à beaucoup de choses: au cinéma, à la musique, aux animaux ...

M. Laffont: Pensez-vous! Ce qui les intéresse, ce sont les mobylettes, et rien d'autre. Faire du bruit et embêter les gens, c'est tout ce qu'ils savent faire!

2. Dans la nuit de samedi à dimanche, M. Gardet s'est réveillé, tout à coup, et il s'est dit: «Mais, ce bruit, qu'est-ce que c'était?» Il a regardé sa montre: il était 0 heure 30. Il s'est levé, est descendu dans son salon de thé et là, une très mauvaise surprise l'attendait: la grande vitre qui donnait sur la ruelle était cassée! En mille morceaux! Il a téléphoné à la police: « ... Et puis, dites, vous essayez de venir le plus vite possible. Je dois dire que j'ai un peu peur, moi.»
Dix minutes plus tard, deux agents sont arrivés. Un des agents a trouvé une grosse pierre dans les morceaux de verre.

3. Le lundi 11 mai, dans la matinée, l'inspecteur Janvier s'est rendu chez Gardet, puis il a interrogé quelques voisins. Il est allé d'abord dans le magasin de M. Laffont.

L'inspecteur: M. Laffont, votre appartement est au premier étage, en face du salon de thé de M. Gardet, et votre chambre donne sur la ruelle Moulin, c'est bien ça? ... Est-ce que vous avez vu ou entendu quelque chose dans la nuit de samedi à dimanche?

M. Laffont: Ecoutez, je ne peux pas vous dire grand-chose. Bon, cette nuit-là, j'ai entendu un grand bruit. Je me suis levé, j'ai regardé par la fenêtre. J'ai bien vu passer deux jeunes en mobylette, dans la ruelle ...

L'inspecteur: Ah bon? Qui donc? Vous les connaissez?

M. Laffont: Ben ... oui: Jacques Lacroix, le fils du dentiste, et Stéphane Duval, le fils du chauffeur de taxi. Mais je ne crois pas que ... Dites, au fait, vous avez pensé au concert de rock de samedi soir? Ce sont peut-être des spectateurs qui ont cassé la vitre. Vous vous souvenez, après le concert de rock, il y a deux mois, ils ont cassé la vitrine d'un café.

4. 5 heures de l'après-midi, au commissariat. L'inspecteur a interrogé d'abord Stéphane Duval.

L'inspecteur: Bon. Alors, qui est-ce qui a cassé la vitre? C'est toi ou ton copain?

Stéphane: Quelle vitre? ... Qu'est-ce qui s'est passé?

L'inspecteur: Tu ne sais pas ce qui s'est passé? Tu te moques de moi, ou quoi? Dis-moi ce que tu as fait samedi soir.

Stéphane: Je suis allé au cinéma, au Vox, avec ma copine.

L'inspecteur: Qui est-ce que vous avez rencontré là-bas?

Stéphane: Ben ... personne. Non, on n'a pas rencontré de copains. Après le ciné, j'ai ramené ma copine chez elle et ...

L'inspecteur: Tu es rentré chez toi à quelle heure?

Stéphane: A 1 heure du matin.

5. Janvier a interrogé ensuite Jacques Lacroix.

L'inspecteur: Qu'est-ce que tu as fait samedi soir?

Jacques: Je suis allé au concert de rock.

L'inspecteur: Au concert de rock? Tiens, tiens! Et ça a fini à quelle heure?

Jacques: A 11 heures et demie, monsieur l'inspecteur.

L'inspecteur: Qu'est-ce que tu as fait ensuite?

Jacques: J'ai fait un peu de mobylette en ville, avec des copains.

L'inspecteur: A quelle heure est-ce que tu es rentré chez toi?

Jacques: Vers 1 heure du matin.

6. Dans la soirée, Janvier est retourné chez Gardet avec un agent. Et là, l'inspecteur a fait une découverte intéressante: dans le salon de thé, à huit mètres de la vitre cassée, il y avait, derrière un rideau, une deuxième pierre. Il est descendu dans la ruelle avec l'agent, a réfléchi un moment, puis il a dit:
– Ça y est, je sais qui a lancé les deux pierres.
L'agent: Ben, moi, je ne vois pas. Vous pensez plus vite que moi, monsieur l'inspecteur!

A vous.

1. Qui est-ce qui a fait le coup?
2. Comment avez-vous trouvé la solution?
3. Pouvez-vous dire pourquoi ils ont (ou il a) fait ça?

1. Vous vous souvenez? (§ 25)

Reparlons des leçons 1 à 5. Formez deux groupes. Dans la partie a), le 1er groupe pose des questions et le 2e y répond. Dans la partie b), vous faites le contraire.

a) *Employez* Qui est-ce qui ... *ou* Qui est-ce que ....

Exemples:

1. C'est un monsieur **qui** va souvent en Provence pour affaires.
   – **Qui est-ce qui** va souvent en Provence pour affaires?
   – M. Clavel.
2. C'est un monsieur **que** les gendarmes de Cassis connaissent bien.
   – **Qui est-ce que** les gendarmes de Cassis connaissent bien?
   – ...

3. Ce sont deux Canadiens qui ont passé trois semaines en France.
4. C'est un joueur de guitare que Janine a rencontré sur la plage de Cassis.
5. C'est un monsieur que nous avons interrogé sur son métier.
6. C'est un monsieur qui va souvent en Andorre pour faire des courses.
7. C'est une fille qui est très bonne skieuse.
8. C'est un garçon que Véronique a connu à Zinal.

b) *Employez* Qu'est-ce qui ... *ou* Qu'est-ce que ....

Exemples:

1. C'est quelque chose **qui** a beaucoup plu à Viviane et François, en Provence.
   – **Qu'est-ce qui** a beaucoup plu à Viviane et François, en Provence?
   – Les monuments romains.
2. C'est quelque chose **que** Pierrot a apporté à la gendarmerie.
   – **Qu'est-ce que** Pierrot a apporté à la gendarmerie?
   – ...

3. C'est quelque chose qui n'est pas agréable pour les routiers.
4. C'est quelque chose que M. Cathala a acheté en Andorre, pour son frère.
5. C'est quelque chose que Petra a mangé comme hors-d'œuvre, chez les Pradel.
6. C'est quelque chose qui couvrait toutes les Alpes, autrefois.
7. C'est quelque chose qui s'est passé quand Daniel a doublé Véronique, sur la piste.
8. C'est quelque chose que les skieurs prennent pour aller de Zinal à Sorebois.

2. Qui est-ce qui a fait le coup? (§ 25) *Posez des questions, puis répondez-y.*

Employez Qui est-ce qui / Qui est-ce que / Qu'est-ce qui / Qu'est-ce que.

1. *Exemple:*

   – Mme Jacquin connaît **deux des jeunes** qui sont toujours devant la boulangerie Laffont.
   – Ah bon? / Ah oui? / Tiens! / C'est vrai?
   Qui est-ce qu'elle connaît?
   – Eh bien, Jacques Lacroix et Stéphane Duval.

2. M. Laffont lui a dit: «Ils font **ça** pour embêter les gens.»
3. Il lui a dit aussi: «Il y a seulement **une chose** qui les intéresse.»
4. Pendant la nuit, **quelque chose** a réveillé M. Gardet.
5. Un des agents a trouvé **quelque chose** dans les morceaux de verre.
6. Cette nuit-là, M. Laffont a vu **quelqu'un** dans la ruelle, derrière son magasin.
7. Au commissariat, l'inspecteur Janvier a interrogé d'abord **un des deux garçons.**
8. **Un des deux garçons** lui a dit: «Samedi soir, je suis allé au concert de rock.»
9. Lundi soir, l'inspecteur Janvier est retourné chez Gardet.
   Il a découvert **quelque chose** derrière un rideau.
10. Ensuite, il est descendu dans la ruelle et il a dit: «Je sais **qui** a lancé les deux pierres.»

3. Au commissariat (§ 26)

Dans la nuit de lundi à mardi, on a volé plusieurs voitures.
Mardi après-midi, l'inspecteur Janvier interroge un homme qu'on vient d'arrêter.

a) 1. *Exemple:*

   – **Qu'est-ce que** vous avez fait hier soir?
   – Rien, monsieur l'inspecteur.
   – Allez, dites-moi **ce que** vous avez fait. Et vite!
   – Rien, je vous dis!

   2. Qu'est-ce qui vous empêche de parler?
   3. Qu'est-ce que vous avez raconté au garçon du «Bar-Club»?
   4. Il vous a donné une valise. Qu'est-ce qui se trouvait dans cette valise?
   5. Qu'est-ce qui s'est passé sur le parking du «Bar-Club»?
   6. Et votre copain Jojo, qu'est-ce qu'il a fait hier soir?

b) 1. *Exemple:*

   – Bon, reparlons de vous. **Qui est-ce que** vous avez rencontré hier soir?
   – Personne, monsieur l'inspecteur.
   – Allez, dites-moi **qui** vous avez rencontré hier soir. Et vite!
   – Personne, je vous dis!

   2. Et qui est-ce qui vous a téléphoné?
   3. Alors, à qui est-ce que vous avez téléphoné?
   4. Avec qui est-ce que vous avez passé la soirée?
   5. Pour qui est-ce que vous travaillez en ce moment?
   6. A qui est-ce que vous avez acheté votre Renault? ...
   (*L'inspecteur:* Donc, vous l'avez volée. C'est bien ça? – *L'homme:* Ben ...)

4. Jacques Lacroix écrit une lettre. (§ 26)

Mercredi 13 mai. Jacques Lacroix écrit à son copain Michel Roux qui habite 12, avenue du Général-de-Gaulle, 55100 Verdun.

a) *Complétez. Dans sa lettre, il lui dit ...*
1. **ce qu**'il a fait samedi soir;
2. **que** le concert de rock lui a beaucoup plu;
3. **à quelle** heure le concert a fini;
4. ... il a fait ensuite;
5. ... il s'est bien amusé;
6. ... heure il est rentré chez lui;
7. ... il est allé dimanche après-midi;
8. ... s'est passé lundi après-midi;
9. ... l'inspecteur lui a téléphoné lundi soir;
10. ... l'inspecteur lui a raconté.

Il lui demande ...

11. ... il pense de cette histoire;
12. ... il va;
13. ... ses parents vont bien;
14. ... il ne lui écrit pas plus souvent.

b) *Ecrivez la lettre de Jacques.*

5. Qu'est-ce qu'il faut employer ... ?

a) jour *ou* journée?
1. L'année dernière, Pascal Aubert et sa sœur Laurence ont passé 15 ... en Bretagne. 2. Ils allaient *(tous les / toutes les)* ... à la plage. 3. Ils y restaient pendant *(tout le / toute la)* .... 4. Le soir, ils se couchaient tôt: après *(un / une)* ... sur la plage, on est fatigué.

b) matin *ou* matinée?
1. Véronique raconte: «*(Ce / Cette)* ..., à huit heures, tout était gris. 2. Mais dans *(le / la)* ..., le brouillard s'est levé. 3. Hier ..., il y avait aussi beaucoup de brouillard à Zinal. 4. Mais à Sorebois, il faisait soleil. Nous avons passé là-haut *(un très beau / une très belle)* ....»

c) soir *ou* soirée?
1. L'inspecteur Janvier demande à Stéphane ce qu'il a fait dans *(le / la)* ... de samedi. 2. Le garçon répond qu'il est sorti avec sa copine, comme *(tous les / toutes les)* .... 3. *(Ce / Cette)* ...-là, ils sont allés au cinéma. 4. Ils ont passé *(un très bon / une très bonne)* ....

d) an *ou* année?
1. M. Poulin a 50 .... 2. Il travaille pendant *(tout l' / toute l')* ... et, en août, il est bien content de prendre des vacances. 3. Dans les ... soixante-dix, il allait toujours sur la côte d'Azur. 4. Mais, il y a quatre ..., il s'est dit: «J'en ai assez d'aller toujours au même endroit. Je vais visiter des pays que je ne connais pas.» 5. Et, en quatre ..., il a vu toute l'Europe.

6. Michel, Annie et Alain (§ 27)

	Michel	Annie	Alain
– jouer au foot *(souvent)*	2 fois par semaine	1 fois par semaine	3 fois par semaine
– jouer au tennis *(souvent)*	2 fois par semaine	3 fois par semaine	2 fois par semaine
– parler *(bien)* l'anglais	très bien	très bien	bien
– se coucher *(tôt / tard)*	22 heures 30	22 heures	23 heures
– se lever *(tôt / tard)*	6 heures 30	7 heures	6 heures 30
– dormir *(longtemps)*	8 h	9 h	7 h 30
– travailler *(bien)*	bien	très bien	assez bien

Comparez. Michel joue **plus souvent** au foot **qu**'Annie; il joue **moins souvent qu**'Alain. C'est Alain qui joue **le plus souvent.** C'est Annie qui joue **le moins souvent.** *Continuez.*

7. Le voyage de Janine, Bernard et leurs cousins (§§ 14, 27) *Complétez.*

a) *bon – bien:* 1. Sur la plage de Cassis, les quatre jeunes ont rencontré Gilbert. C'est un ... joueur de guitare: il joue vraiment .... 2. De plus, c'est un ... garçon et tout le monde l'aime .... 3. Enfin, il connaît ... Cassis: il connaît tous les ... endroits, les endroits où on est sûr de ... s'amuser.

b) *mauvais – mal:* 1. Janine, Bernard et leurs cousins ont eu une ... surprise à Cassis, et leurs vacances, là-bas, ont ... commencé: il n'y avait plus de place à l'auberge de jeunesse. 2. Janine a proposé de coucher sur la plage. Ce n'était pas une ... idée. Seulement, c'est interdit. 3. De plus, sur la plage, on dort .... 4. Mais les gendarmes ne sont pas venus, et puis les quatre jeunes n'ont pas passé une trop ... nuit.

c) *(le) meilleur – (le) mieux:* 1. Les quatre jeunes sont très sportifs. Viviane nage bien. Elle est même ... que son frère. 2. C'est elle qui nage ... des quatre, et c'est ... nageuse de sa classe. 3. Elle nage ... que Bernard! 4. Au tennis, François est ... que sa sœur. 5. C'est un des ... joueurs de son collège. 6. Il joue beaucoup ... que Bernard. 7. Bernard est ... skieur des quatre. 8. Janine aussi skie bien. Mais son frère skie ... qu'elle.

d) *très – beaucoup:* 1. M. Clavel est un homme ... gentil. 2. Janine et Bernard l'aiment .... 3. Les quatre jeunes sont allés le retrouver à Aix-en-Provence. Le retour à Paris s'est ... bien passé. 4. Les deux Canadiens ont ... aimé l'Auvergne: c'est une région où la nature est ... belle. 5. De plus, ils se sont ... intéressés aux châteaux de la Loire.

8. A vous. Faites l'interprète.

Tu es à Verdun avec tes parents. Vous voulez visiter la ville. Vous laissez votre voiture sur une petite place, dans le centre. Tu mets 4 F dans le parcmètre*: c'est pour deux heures. Quand vous revenez, un agent de police est en train de regarder votre voiture.

L'agent: Dites, vous savez que vous avez une heure de retard? Vous êtes en contravention.
Toi: Er sagt, wir ... und das andere habe ich nicht verstanden. Pardon, monsieur l'agent, une contravention, qu'est-ce que c'est?
L'agent: Eh bien, ça veut dire que vous devez payer 50 F.
Toi: ...
Ton père: Wissen Sie, wir haben Ihre Stadt besichtigt, und wir haben die Schaufenster angeschaut.
Toi: ...
Ta mère: Ja, und plötzlich hat mein Mann vorgeschlagen, die Zitadelle* zu besichtigen. Wir haben überhaupt nicht mehr an die Parkuhr* gedacht.
Toi: ...
L'agent: Oui, et c'est pourquoi vous allez me donner 50 F.
Toi: ...
Ton père: Sag ihm, wir waren anschließend in einem Lokal, um etwas zu trinken. Der Ober hat uns nicht sofort bedient.
Toi: ...
L'agent: Regardez: non seulement vous avez une heure de retard, mais en plus, il n'y a pas de «D» sur votre voiture.
Toi: ...
Ton père: Ach ja! Verflixt nochmal! Entschuldigen Sie bitte. Wieviel soll ich bezahlen?
Toi: ...
L'agent (il sourit): Bon, ça va pour cette fois. Vous pouvez partir. Dites, votre fils/fille parle vraiment bien le français. Au revoir, messieurs dames.
Toi: ...
Ta mère: Au revoir.
Ton père: Merci beaucoup.

---

* *un parcmètre* [ɛ̃parkmɛtr] eine Parkuhr; *une citadelle* eine Zitadelle / Festung

9. A vous

Toi et tes camarades de classe, vous êtes à Paris avec votre professeur de français. Tu es dans une famille qui habite près de la Porte d'Italie. Un jour, toi et tes camarades, vous allez en car au marché aux puces qui se trouve près de la Porte de Clignancourt. Vous visitez le marché aux puces. A un moment, tu perds tes camarades. Tu cherches le car, mais tu ne le retrouves pas. Alors, tu veux prendre le métro pour retourner à la Porte d'Italie.
Formez des groupes, préparez les dialogues, puis jouez les scènes.

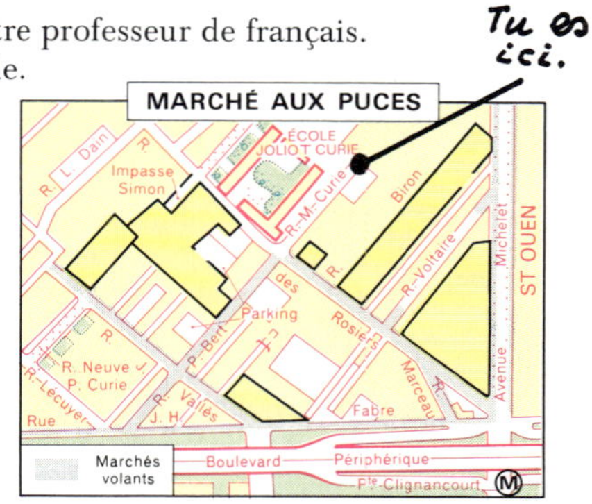

© *D'après guide vert «Paris», 4ème édition du Pneu Michelin*

a) Au marché aux puces, tu demandes à un agent de police où il y a une station de métro. L'agent te dit comment tu peux y aller.

b) A la station, tu téléphones aux gens chez qui tu habites.

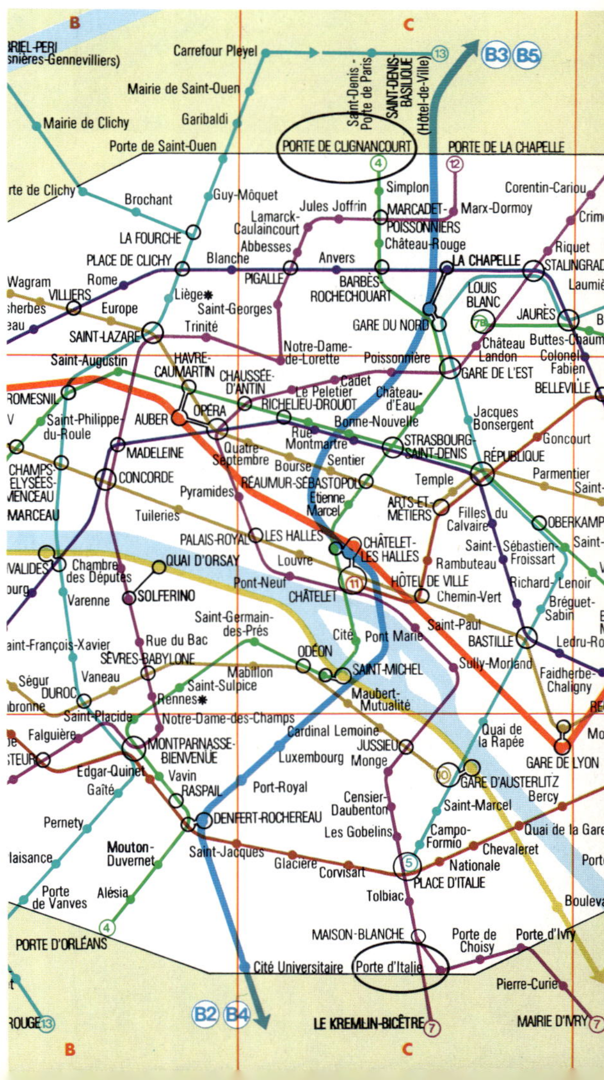

c) Au guichet, tu prends un ticket de métro.
Tu demandes à l'employée comment tu peux aller à la Porte d'Italie.
(Regarde le plan du métro.)
L'employée te dit ce qu'il faut faire:
– prendre la ligne nº …, direction …;
– changer à …;
– prendre la ligne nº …, direction …;
– descendre à … .

A En Provence

© *D'après carte du Pneu Michelin N° 989, édition 1982*

La région d'Apt n'est pas très connue, en France. Mais c'est une région très intéressante.

Apt est situé en Provence, dans le sud de la France, – dans le Midi, comme disent les Français. Au sud de la ville, on peut faire de belles promenades, dans la montagne du Lubéron. Au nord, on trouve des villages typiquement provençaux: Aurel, par exemple (136 habitants). C'est là que vivent les Lacoste, des agriculteurs.

Les Lacoste cultivent du blé et de la lavande. Comme cela ne leur suffit pas pour vivre, ils élèvent, en plus, des moutons, des chèvres et … des abeilles.

Comme dans beaucoup de maisons provençales, il n'y a pas de vestibule, chez les Lacoste: on entre directement dans la cuisine. A côté de la cuisine, on trouve la salle de séjour, une pièce qui est meublée simplement, mais joliment. De là, on prend un escalier pour aller dans la chambre des parents et dans les chambres des enfants.

Les Lacoste ont deux enfants. Le garçon, Olivier, 9 ans, va à l'école du village. La fille, Noëlle, 15 ans, est élève de troisième au collège Jeanne-d'Arc, à Apt. Elle est interne: Aurel est assez loin d'Apt et Noëlle ne peut pas faire l'aller-et-retour dans la journée; alors, ses parents l'ont mise à l'internat de son collège.

Aujourd'hui, c'est samedi. Noëlle vient de rentrer à la maison. Elle est en train de boire le café avec ses parents. Elle leur montre les dessins qu'elle a faits au collège, pendant son temps libre. Mercredi, elle a dessiné ses camarades de l'internat.

M. Lacoste: Ça, c'est Stéphanie, hein? Dis donc, elle est toujours aussi jolie!

Noëlle: Oui, mais à mon avis, elle est méchante! Par exemple, elle sait parfaitement que Denis est amoureux d'elle. Eh ben, hier soir, elle s'est moquée de lui devant tout le monde. C'est quelque chose que je ne comprends absolument pas! Elle est vraiment bête de temps en temps!

Mme Lacoste: Denis? Qui est-ce?

Noëlle: Un garçon très gentil, mais qui ne parle pas beaucoup. Il va chaque dimanche dans la montagne avec son ami Christophe et M. Rioux, notre prof de géo. Ils connaissent le Lubéron comme leur poche!

Mme Lacoste: Et cette fille, c'est qui?

Noëlle: C'est Violaine, une fille de la Martinique. Elle vient d'entrer à l'internat. Là, elle est en train de se faire un pull. Chez elle, il fait plus chaud qu'en France, alors naturellement, elle a souvent froid ici!

7

A 1. Reparlons du texte.

1. Comment est-ce que les Français appellent le sud de leur pays?
2. Qu'est-ce qu'on trouve au sud d'Apt? Et au nord?
3. Quel est le métier des Lacoste? Parlez de leur travail.
4. Essayez de décrire leur maison sans regarder le texte.
5. Est-ce qu'Olivier et Noëlle sont dans la même école?
6. Dites pourquoi Noëlle est interne.
7. Qu'est-ce qu'elle aime faire pendant son temps libre?
8. Noëlle parle, avec ses parents, de ses copains et de ses copines de l'internat. Qu'est-ce qu'elle dit?

2. Qu'est-ce qu'ils viennent de faire?/ Qu'est-ce qu'ils vont faire? (§ 28)

1. Est-ce que Pierre a réparé son magnétophone?
   – Oui, il **vient de** le réparer.
2. Est-ce qu'il a réparé sa raquette?
   – Non, mais il **va** la réparer tout de suite.

Continuez. Est-ce que … ?

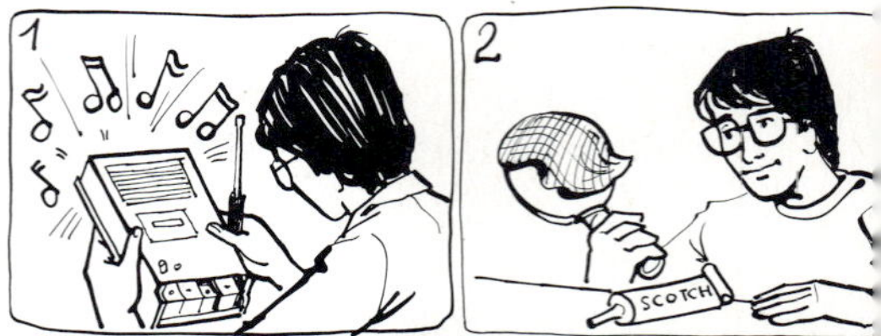

3. … Jörg a photographié la tour Eiffel?
4. … Jeanne a mangé la dernière crêpe?
5. … Sylvie a téléphoné à M. Martin?
6. … Barbara a mis sa lettre à la boîte?

7. … Pascal a pris les billets?
8. … Viviane et François sont sortis de l'eau?
9. … Véronique et Sophie ont mis leurs skis?
10. … M. et Mme Roye ont mangé leurs glaces?

3. Noëlle montre ses dessins à ses parents. (§ 28)

1. Ça, c'est Violaine. Là, elle est **en train de** se faire un pull. 2. Ça, c'est … *Continuez*.

4. Noëlle parle de ses camarades de classe. (§ 29) *Complétez par des adverbes.*

1. *Exemple:* Je crois que Stéphanie est *amoureuse* de Christophe.
   Quand elle est avec lui, elle le regarde toujours **amoureusement.**
2. C'est *curieux*. La mère de Sylvie est Allemande, mais Sylvie a des mauvaises notes en allemand. Et …, sa mère ne l'aide pas.
3. Denis ne s'entend pas bien avec ses parents. C'est une *longue* histoire. Hier soir, j'ai … parlé avec lui de ses problèmes.
4. Marie-Claire prend seulement des repas *légers:* elle mange toujours très ….
5. Tout le monde dit que Paul n'est pas très *agréable*. Ce n'est pas vrai. L'autre jour, j'ai discuté avec lui: il m'a … surprise.
6. Janine aime les choses *simples,* mais *jolies*. Sa chambre, elle l'a meublée …, mais ….

5. Dans le Lubéron (§§ 29, 30) *Adjectif ou adverbe? Complétez.*

1. Le Lubéron est une montagne très ….	*(intéressant)*
2. Et on peut y faire des promenades … agréables.	*(vrai)*
3. …, quand on veut faire une … promenade dans cette montagne,	*(naturel, long)*
il ne faut pas mettre des chaussures ….	*(léger)*
4. Quand on marche …, on a, ensuite, à cause des pierres, très mal aux pieds.	*(long)*
5. Dans le Lubéron, le touriste trouve	
des villages … de la Provence,	*(typique)*
et, dans ces villages, des maisons … provençales.	*(typique)*
6. Il trouve …, dans la nature,	*(égal)*
un calme ….	*(absolu)*
7. Vous pensez … que, dans cette montagne du midi de la	*(sûr)*
France, il fait toujours … en juillet et en août.	*(chaud)*
8. Eh bien, …, ce n'est pas le cas.	*(curieux)*
9. Quand il y a du mistral, un vent qui vient du nord	
ou du nord-ouest, il fait assez ….	*(froid)*
10. Et pas … dans le Lubéron, mais dans toute la Provence.	*(seul)*

B Les points jaunes …

1. Un dimanche matin, au collège Jeanne-d'Arc. Violaine et Stéphanie étaient dans la cour, avec Denis, Christophe et M. Rioux. Elles voulaient partir avec eux dans la montagne.

M. Rioux: Aujourd'hui, nous allons nous occuper du chemin qui va de Castellet au Mourre Nègre. On ne le voit plus sous les broussailles. Il va falloir employer la machette pour couper tout ça.

Christophe: Vous, les filles, vous allez refaire les balises. On ne les voit presque plus, les points jaunes.

M. Rioux: C'est ça. Va chercher le pot de peinture jaune, Christophe. Il est dans la cave. Et les machettes sont à côté. Apporte-les aussi.

Stéphanie: De la peinture dans la montagne? Ah, ah, ah! ne me racontez pas d'histoires!
Denis: Si, si! On l'emploie pour baliser les chemins. Vous allez mettre des points jaunes sur les arbres, par exemple, ou sur les grosses pierres.
Et mettez-en deux quand le chemin tourne à gauche ou à droite.
M. Rioux: Mais n'y va pas avec ces chaussures légères, Stéphanie!

2. Il était une heure de l'après-midi, quand – enfin! – ils sont arrivés au Mourre Nègre. Il faisait chaud et chacun d'eux était très fatigué: ils s'étaient levés à six heures du matin, avaient quitté Apt une heure plus tard, en voiture, et s'étaient rendus jusqu'à Castellet, au sud-est de la ville. Puis, ils étaient partis à pied dans le Lubéron. Le chemin qu'ils avaient pris montait, montait. Bientôt, c'était devenu un très petit sentier qui, enfin, s'était perdu sous les broussailles. Alors, à grands coups de machette, M. Rioux et les garçons avaient ouvert le chemin. Et les filles avaient mis les points jaunes.

3. A une heure, donc, M. Rioux et ses élèves étaient en haut de la montagne. De là, ils avaient une très belle vue sur les Alpes. Comme ils avaient faim et soif, ils se sont mis sous les arbres pour pique-niquer. Stéphanie s'est mise à côté de Christophe.
Stéphanie: Tu sais, je t'ai vu faire avec la machette: formidable! Dis, euh, est-ce qu'on ne pourrait pas sortir ensemble, samedi après-midi?
Christophe: Non, Stéphanie. Je ne veux pas. Tu t'es montrée trop méchante avec Denis.
Stéphanie: Trop méchante? Tu parles! Je me suis un peu moquée de lui, c'est tout.
M. Rioux: Ecoutez-moi, tout le monde! Denis vient de me dire que, la semaine dernière, il a découvert, à six kilomètres d'ici, un petit sentier, et il voudrait voir s'il va à Sivergues. Allez-y avec lui, vous avez assez travaillé.
Moi, je redescends sur Castellet et je fais les balises du retour. Ensuite, je vais à Sivergues en voiture et je vous attends là-bas. A tout à l'heure!

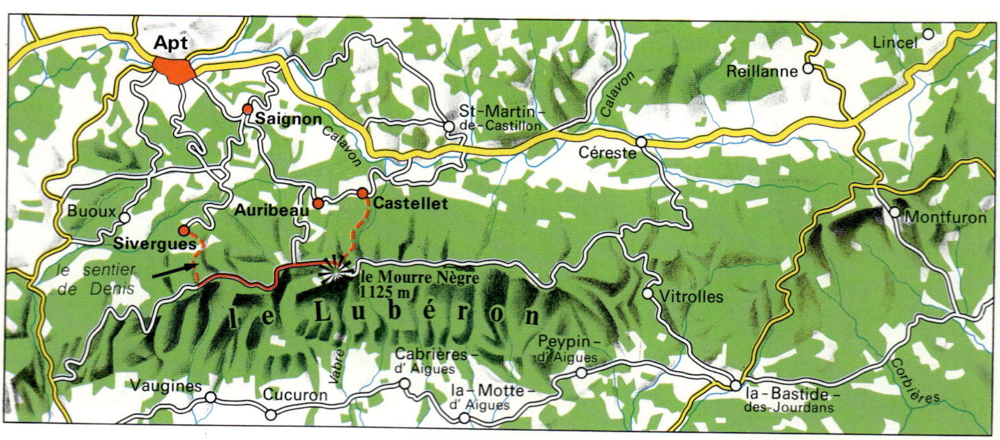

… et les points rouges

1. Les camarades ont trouvé le petit sentier de Denis. Ils ont commencé la descente, mais dix minutes après, plus de sentier! Ils ont continué quand même, et sont descendus tout droit. Tout à coup, Stéphanie a crié! crié! … et Denis, qui était près d'elle, a vu une vipère filer sous les broussailles … et sur le pied de Stéphanie, deux petits points rouges.

2. Stéphanie, blanche de peur, a perdu la tête et elle s'est mise à courir. Denis a couru derrière elle et l'a attrapée. Il a pris son foulard et a fait un garrot à la jeune fille. Puis, il l'a chargée sur son dos. Ensuite, il a commencé à descendre. Christophe lui ouvrait le chemin à la machette. Violaine essayait de calmer Stéphanie, qui pleurait. Denis était couvert de sueur, mais il ne disait rien. Il pensait à une seule chose: «Il faut amener Stéphanie chez le médecin le plus vite possible.»

3. Vingt minutes après, ils sont arrivés sur le chemin de Sivergues. Maintenant, Christophe pouvait aider Denis à porter Stéphanie, et ça allait plus vite. Bientôt, ils ont vu les premières maisons. M. Rioux les attendait sur le parking:

M. Rioux: Mais qu'est-ce qu'elle a?

Violaine: C'est une vipère … une vipère qui l'a piquée.

M. Rioux: Oh là là! En voiture tout le monde, et pressez-vous!

4. M. Rioux a filé sur Apt. Et une demi-heure après, ils étaient chez le docteur Murat, qui s'est tout de suite occupé de Stéphanie. Quand, enfin, elle est sortie de chez lui, elle souriait.

Stéphanie: Ça va maintenant. Il m'a fait une piqûre. Il n'y a plus de danger. Denis, tu as été vraiment formidable! Je regrette d'avoir été méchante avec toi. Tu m'en veux encore?

B + C 1. Reparlons des textes.

Texte B: Les points jaunes. Répondez aux questions.

1. Qui est-ce qui est allé dans le Lubéron ce jour-là?
2. Qu'est-ce qu'il faut faire pour ouvrir un chemin dans cette montagne? Et pour le baliser?
3. Qu'est-ce que M. Rioux et ses élèves ont fait quand ils sont arrivés au Mourre Nègre?
4. Pourquoi est-ce que Stéphanie s'est mise à côté de Christophe?
5. Pourquoi est-ce que Christophe a répondu «non» à la question de Stéphanie?
6. Après le repas, M. Rioux a dit aux jeunes de partir avec Denis. Et lui, qu'est-ce qu'il voulait faire?

Textes B + C: Les points jaunes ... et les points rouges

a) *Regardez la carte (page 60), puis décrivez le chemin que M. Rioux et les quatre jeunes ont fait.*

b) *Relisez le texte C (page 61), puis résumez-le au présent. Employez les éléments que voici:*
1. descendre vers Sivergues; 2. une vipère – piquer; 3. faire un garrot; 4. charger sur son dos; 5. ouvrir le chemin à la machette; 6. arriver à Sivergues; 7. attendre sur le parking; 8. monter dans la voiture; 9. filer sur Apt; 10. faire une piqûre; 11. plus de danger.

c) *Répondez aux questions.*
1. Pourquoi est-ce qu'il ne faut pas aller dans la montagne avec des chaussures légères?
2. Pourquoi est-ce que Stéphanie dit à Denis: «Tu m'en veux encore?»
3. Qu'est-ce que Denis va répondre à Stéphanie? Tu as une idée?

[2. Le jeu des questions] (§ 31)

En Provence, on peut faire du ski: Violaine a passé une semaine, en février, dans un centre de vacances situé dans une station des Alpes-de-Haute-Provence. Elle te raconte ce qu'elle faisait chaque jour.

a) *Exemples:*

1. *Violaine:* A 8 heures, **nous prenions** le petit déjeuner.
   Toi: Et quand **vous aviez pris** le petit déjeuner?
2. *Violaine:* **Nous remontions** dans les chambres.
   Toi: Et quand **vous étiez remontés** dans les chambres?
   Continuez.

3. mettre les vêtements de ski
4. descendre à la cave
5. prendre les skis
6. aller sur la piste
7. faire plusieurs descentes
8. rentrer au centre
9. mettre la table
10. déjeuner
11. boire le café
12. dormir un moment

b) *Refaites l'exercice. Employez* je *à la place de* nous.

[3. Quelle journée!] (§ 31)

Complétez par les éléments donnés. Employez le plus-que-parfait.

1. *Exemple:*

En haut du Mourre Nègre, M. Rioux et ses élèves étaient très fatigués: **ils avaient eu** beaucoup de difficultés à ouvrir le chemin.

[ ] Die in rechteckigen Klammern stehenden Übungen können in Bundesländern, in denen die Behandlung des *plus-que-parfait* für das 3. Lernjahr nicht vorgesehen ist, entfallen.

2. Ils avaient très faim: ils …
3. Christophe parlait avec Stéphanie: elle …
4. Stéphanie a proposé à Christophe de sortir avec elle, mais il a dit non: elle …
5. M. Rioux est redescendu à Castellet: il …
6. Les quatre jeunes ont cherché le sentier de Sivergues: Denis …
7. Ils ont commencé la descente: ils …
8. Tout à coup, Stéphanie a crié: une vipère …
9. Violaine essayait de calmer Stéphanie: Stéphanie …
10. Quand la jeune fille est sortie de chez le médecin, il n'y avait plus de danger: il …

- ✦ ne rien manger depuis le matin
- ✦ se mettre à côté de lui
- ✦ se montrer très méchante avec Denis
- ✦ y garer sa voiture
- ✦ le découvrir une semaine avant
- ✦ trouver le sentier de Denis
- ✦ la piquer
- ✦ se mettre à pleurer
- ✦ lui faire une piqûre

4. Quand maman n'est pas là … (§ 33)

Mme Duc est à l'hôpital pour une semaine. Ses trois enfants, Isabelle, Pierre et Paul, sont seuls à la maison.
Faites les dialogues. Exemple:

> *Isabelle:* Il y a du rôti.
> Tu **n'en manges pas?**
> *Paul:* Non, je **n'en mange pas.**
> *Isabelle:* Allez, **manges-en.**
> *Paul:* Non, je te dis!
> *Isabelle:* Bon. Alors, **n'en mange pas!**

a) *Le matin; Isabelle à Pierre:*
1. Tu ne te lèves pas?
2. Tu ne le bois pas, ton café?
3. Il y a des croissants. Tu n'en manges pas?

b) *L'après-midi; Paul à Isabelle:*
1. Tu n'y vas pas, à la poste?
2. Tu ne lui écris pas, à grand-mère?
3. Tu ne leur téléphones pas, aux Lacoste?

c) *Le soir; Pierre à Paul:*
1. Tu ne m'aides pas à faire mes devoirs?
2. *A table:* Il y a de la salade. Tu n'en prends pas?
3. *A dix heures:* Tu ne te couches pas?

5. Le 14-Juillet à Apt (§ 34)

Complétez par chaque *ou* chacun / chacune.

Un touriste belge raconte: «… année, je passe mes vacances dans une ville de Provence. Mais jamais dans la même: … a quelque chose d'intéressant à proposer. … fois que j'arrive dans cette région, je me dis: ‹Qu'est-ce que je vais bien découvrir, cette année?› Je viens de passer quinze jours à Apt. … sait que, pour le 14-Juillet, il y a une fête dans … ville et dans … village de France: c'est le jour de la Fête Nationale. Mais ce que j'ai vu à Apt, ce jour-là, m'a beaucoup intéressé et beaucoup amusé: j'ai vu, entre autres choses, une course aux ânes. Au départ de la course, il y avait dix ânes: … avait son cavalier (ou sa cavalière!). Comme on pouvait jouer de l'argent, … animal portait un numéro. J'avais choisi le n° 5. Au bout de 20 m de course, il s'est arrêté et il est retourné au départ. Il est reparti, mais ensuite, il s'arrêtait à … virage. Alors, naturellement, il est arrivé le dernier.»

6. Un peu de géographie

a) *Regardez la carte de France, page 146.*
Faites des dialogues. Exemple:

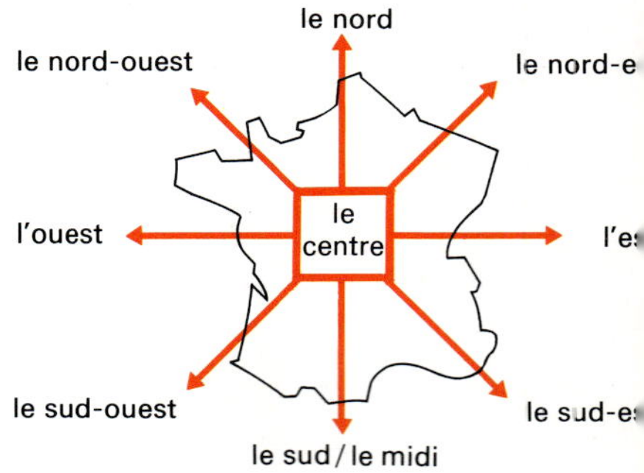

> – Où se trouve Marseille?
> – Marseille? C'est **dans le sud** (dans le midi) de la France, à 774 km **au sud de** Paris.
> – Et Clermont-Ferrand?
> – C'est **dans le centre** de la France, à 388 km **au sud de** Paris.

Où se trouvent Lille *(218 km)*, Toulouse *(679 km)*, Strasbourg *(457 km)*, Brest *(580 km)*, Grenoble *(569 km)*, Bordeaux *(557 km)*, Limoges *(374 km)*, Rouen *(123 km)?*

b) *A vous. Tu dis à un Français où tu habites. Exemple:*
J'habite à Heilbronn. C'est dans le sud de l'Allemagne, à 40 km au nord de Stuttgart.
Tu lui dis ensuite où habitent ton oncle, tes grands-parents, ...

7. Vivre en ville ou à la campagne?

M. Jacques Castelli est potier dans un petit village de Provence. Il habite le village depuis deux ans seulement. Avant, il vivait à Marseille. Il a choisi de vivre à la campagne parce qu'il s'y sent plus libre qu'en ville. Et puis, la vie y est moins chère.

Et vous, qu'est-ce que vous préférez: vivre en ville ou à la campagne?

a) *Cherchez, ensemble, des arguments pour et contre la vie en ville. Ecrivez-les au tableau.*

b) *Faites de même pour la vie à la campagne.*

c) *Formez deux groupes dans votre classe:*
Le groupe A est pour la ville. Le groupe B est pour la campagne. Ensuite, discutez. Exemple:
A: En ville, le choix est plus grand quand on veut acheter quelque chose.
B: C'est vrai, mais tout y est beaucoup plus cher qu'à la campagne. Et puis, ...
A mon avis, on vit mieux à la campagne, parce que ...

Dans la discussion, vous pouvez employer les éléments que voici:

- C'est vrai,
- C'est sûr,
- Tu as raison,
- Je suis d'accord,
- Je suis de ton avis,
- Je trouve aussi,
- Je le pense aussi,
- C'est (bien) possible,
- C'est bien beau tout ça,

} mais ...

- Non. A mon avis, ...
- Mais non!
- Mais non, voyons!
- Ce n'est pas vrai.
- Je ne trouve pas.
- Je ne suis (absolument) pas d'accord avec toi.
- Je ne suis (absolument) pas de ton avis.
- Mais si!
- Bien sûr que si!

⟨Les marchés de Provence⟩

Il y a tout au long des marchés de Provence
Qui sentent, le matin, la mer et le Midi
Des parfums de fenouil, melons et céleris
Avec par-ci, par-là
Quelques gosses qui dansent
Voyageur de la nuit, moi qui en ribambelle
Ai franchi des pays que je ne voyais pas
J'ai hâte au point du jour
De trouver sous mes pas
Ce monde émerveillé
Qui rit et s'interpelle
Le matin au marché
Voici pour cent francs du thym de la garrigue
Un peu de safran et un kilo de figues
Voulez-vous, pas vrai, un beau plateau de pêches
Ou bien d'abricots
Voici l'estragon et la belle échalote
Le joli poisson de la Marie Charlotte
Voulez-vous, pas vrai, un bouquet de lavande
Ou bien quelques œillets?
Et par-dessus tout ça
On te donne en étrenne
L'accent, l'accent qui se promène
Et qui n'en finit pas

Leçon 8

ROUEN et AGGLOMERATION

paris normandie

MERCREDI 2 MAI 1984 — N° 12.205

«Week-end international à Rouen»

Les 8, 9 et 10 juin, notre ville portera les couleurs de l'Europe, avec la venue de 190 Allemands de Hanovre et de 160 Anglais de Norwich. Hanovre et Norwich sont, comme vous le savez, les deux villes jumelles de Rouen.

Nos invités arriveront le samedi 8, dans la matinée. Ils se rendront alors dans les familles où ils logeront pendant ces trois journées.

L'après-midi, il y aura, à 15 h 30, un grand défilé. A ce défilé participeront les fanfares, les majorettes et des groupes folkloriques des trois villes.

Le soir, à 21 heures, vous pourrez entendre, dans la cathédrale, un concert de musique classique, avec les orchestres de Hanovre et de Rouen. Si vous préférez le sport, il vous sera possible de regarder, à la même heure, une course à pied à travers la ville, avec des athlètes allemands, anglais et français.

Le lendemain, dimanche, à 15 heures, vous pourrez voir, si vous le désirez, des rencontres sportives entre Rouen, Hanovre et Norwich (football, rugby, gymnastique, judo, etc.).

A 18 h 30, M. le Maire offrira, à la mairie, un apéritif aux délégations des trois villes, avant le dîner qui aura lieu à 20 heures à la Halle aux Toiles.

A 21 h 30, enfin, commencera la soirée de jazz qui se passera place du Général-de-Gaulle si le temps le permet. Mais le temps sera beau: M. le Maire me l'a promis, lorsque je le lui ai demandé!

Pour beaucoup de Rouennais, ce sera une occasion de revoir de vieux amis. Et ils nous l'ont dit:

M. Caron: Cette année encore, je participerai à la course à pied, avec mon ami John, de Norwich. J'espère que cette fois-ci, nous finirons la course, tous les deux. La dernière fois, nous avons abandonné.

Mme Robin: Comme chaque année, je logerai mon amie allemande, Elke. Elle est violoniste, je le suis également. Nous jouerons donc, samedi soir, dans la cathédrale. Je trouve ces échanges très intéressants. Cela permet de se faire beaucoup d'amis.

Jacques, 16 ans: Cette année, nous aurons deux Allemands, chez nous. Je suis vachement content de les revoir. Je les connais bien. C'est des copains, quoi. Ils sont dans le groupe de jazz de Hanovre. Moi, je joue de la guitare dans le groupe de Rouen.

Nous espérons que ces trois journées seront aussi réussies que la rencontre Rouen – Hanovre qui a eu lieu l'année dernière, en Allemagne.

M.F.

24 HEURES DE ROUEN

Une superbe armada pour 100.000 spectateu

Concours d'attelage au château du Champ-de-Bataille (Eure)

Le bel équipage...

Dans le cadre prestigieux du château du Champ-de-Bataille, près du Neubourg, samedi et dimanche, se pressait une foule nombreuse. Trente-six attelages, venus de toute la France, venaient ainsi concourir dans des épreuves traditionnelles de présentation, de dressage, de parcours d'extérieur et de maniabilité. Devant le succès de cette manifestation, le propriétaire et le président de la Fédération équestre de Normandie envisagent d'organiser un concours complet international.

‹Reparlons du texte.›

a) 1. Avec quelles villes est-ce que la commune de Rouen est jumelée?
2. Où logeront les Allemands et les Anglais qui se rendront à Rouen?
3. Qu'est-ce qu'il y aura pendant l'après-midi du samedi?
4. Qui y participera?
5. Qu'est-ce qui aura lieu le samedi soir?
6. Parlez du programme du dimanche.
7. Avec qui est-ce que M. Caron participera à la course à pied?
8. Qu'est-ce qu'il espère? Pourquoi?
9. Comment est-ce que Mme Robin trouve ces échanges? Pourquoi?
10. Est-ce que les deux copains de Jacques participeront au concert de musique classique?
11. Où a eu lieu la dernière rencontre Rouen – Hanovre?

b) *A vous.*
Est-ce que tu as déjà participé à un échange franco-allemand? Quand? Où? *Raconte.*

c) Un groupe de Français va passer un week-end dans ta ville / ton village.
Fais le programme de la visite.
Exemple:

– – – – – – – – – – – – – – – – – –

Samedi 24 juin

11 heures: Arrivée de nos amis français.
Midi: ...
... ...

– – – – – – – – – – – – – – – – – –

Continuez.

Rouen: le Gros-Horloge

〈Chansons et poèmes〉

Madeleine

Ce soir j'attends Madeleine
J'ai apporté du lilas
J'en apporte toutes les semaines
Madeleine elle aime bien ça
Ce soir j'attends Madeleine
On prendra le tram trente-trois
Pour manger des frites chez Eugène
Madeleine elle aime tant ça
Madeleine c'est mon Noël
C'est mon Amérique à moi
Même qu'elle est trop bien pour moi
Comme dit son cousin Joël
Ce soir j'attends Madeleine
On ira au cinéma
Je lui dirai des «je t'aime»
Madeleine elle aime tant ça

Elle est tellement jolie
Elle est tellement tout ça
Elle est toute ma vie
Madeleine que j'attends là, là

Ce soir j'attends Madeleine
Mais il pleut sur mes lilas
Il pleut comme toutes les semaines
Et Madeleine n'arrive pas
Ce soir j'attends Madeleine
C'est trop tard pour le tram trente-trois
Trop tard pour les frites d'Eugène
Madeleine n'arrive pas
Madeleine c'est mon horizon
C'est mon Amérique à moi
Même qu'elle est trop bien pour moi
Comme dit son cousin Gaston
Ce soir j'attends Madeleine
Il me reste le cinéma
Je pourrai lui dire des «je t'aime»
Madeleine elle aime tant ça

Elle est tellement jolie
Elle est tellement tout ça
Elle est toute ma vie
Madeleine qui n'arrive pas, pas

Ce soir j'attendais Madeleine
Mais j'ai jeté mes lilas
Je les ai jetés comme toutes les semaines
Madeleine ne viendra pas
Ce soir j'attendais Madeleine
Tiens le dernier tram s'en va
On doit fermer chez Eugène
Madeleine ne viendra pas
Madeleine c'est mon espoir
C'est mon Amérique à moi
Mais sûr qu'elle est trop bien pour moi
Comme dit son cousin Gaspard
Ce soir j'attendais Madeleine
C'est fichu pour le cinéma
Je reste avec mes «je t'aime»
Madeleine ne viendra pas

Elle est pourtant tellement jolie
Elle est pourtant tellement tout ça
Elle est pourtant toute ma vie
Madeleine qui ne viendra pas

Mais demain j'attendrai Madeleine
Je rapporterai du lilas
J'en apporterai toute la semaine
Madeleine elle aimera ça
Demain j'attendrai Madeleine
On prendra le tram trente-trois
Pour manger des frites chez Eugène
Madeleine elle aimera ça
Madeleine c'est mon Noël
C'est mon Amérique à moi
Tant pis si elle est trop bien pour moi
Comme dit son cousin Joël
Demain j'attendrai Madeleine
On ira au cinéma
Je lui dirai des «je t'aime»
Et Madeleine elle aimera ça

(Jacques Brel)

Le cinquième jour

Du haut d'un nuage,
les mains rouges d'argile,
Dieu contemplait les animaux:
– Je suis mécontent du zèbre
dit-il à saint Rémi
qui tenait la liste
il ressemble trop au cheval
rayez-le!

Pierre Ferran (1930)
(Les yeux, Club du poème, 1971)

Automne

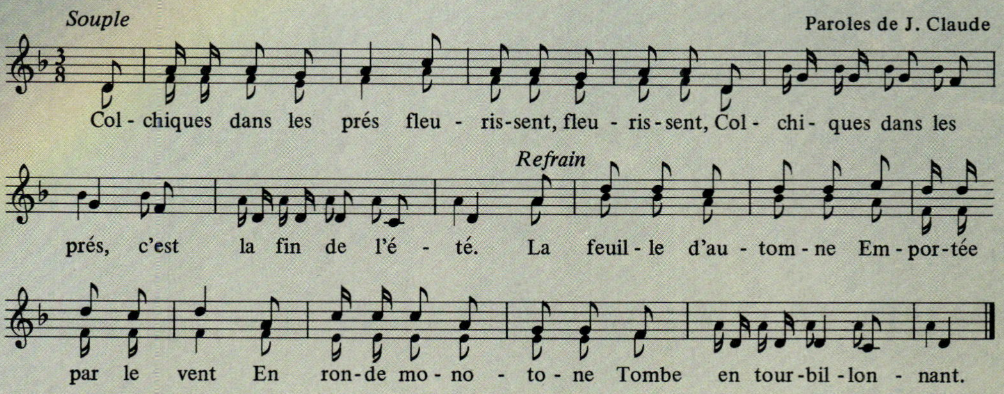

2. Châtaignes dans les bois
se fendent, se fendent
Châtaignes dans les bois
se fendent sous les pas.
La feuille d'automne …

3. Nuages dans le ciel
s'étirent, s'étirent
Nuages dans le ciel
s'étirent comme une aile.
La feuille d'automne …

4. Et ce chant dans mon cœur
murmure, murmure
Et ce chant dans mon cœur
appelle le bonheur.
La feuille d'automne …

Il pleure dans mon cœur

Il pleut doucement sur la ville
(Arthur Rimbaud)

Il pleure dans mon cœur
Comme il pleut sur la ville.
Quelle est cette langueur
Qui pénètre mon cœur?

O bruit doux de la pluie
Par terre et sur les toits!
Pour un cœur qui s'ennuie
O le chant de la pluie!

Il pleure sans raison
Dans ce cœur qui s'écœure.
Quoi! nulle trahison?
Ce deuil est sans raison.

C'est bien la pire peine
De ne savoir pourquoi,
Sans amour et sans haine,
Mon cœur a tant de peine.

(Paul Verlaine)

Ecrire une lettre à des amis

Mannheim, le 5 août 19..

Cher Jean, cher Christophe,

Mes parents, mon frère et moi, nous allons nous rendre en Provence pour huit jours. A l'aller, nous voulons passer par Lyon. Pourriez-vous nous dire si vous êtes chez vous le 30 août et si nous pouvons aller vous voir? Nous allons partir avec la caravane; donc, pas de problème pour coucher! Nous pensons arriver à Lyon, disons, à 4 heures ou 5 heures de l'après-midi. A bientôt, peut-être. Donnez le bonjour à vos parents.

Amitiés. Sabine
Grosses bises. Jost

(Quand on écrit à des adultes, on met: «Monsieur et Madame Martin».)

Lyon, le 9 août 19..

Chère Sabine, cher Jost,

Merci beaucoup pour votre lettre qui est arrivée ici hier. Nos parents sont d'accord: vous pouvez venir chez nous, il n'y a pas de problème! Nous sommes à Lyon pendant tout le mois d'août: nos parents ont pris leurs vacances en juillet. Jean et moi, nous sommes très contents de vous revoir. On va bien s'amuser, tous les quatre! Nous vous attendons donc pour le 30 dans l'après-midi. Vous avez le bonjour de nos parents. Bonne route, et à bientôt.

Très amicalement.
Christophe Jean

Pour commencer une lettre à des amis:

- Chère Sandrine, cher Alain,
- Ma chère Sandrine, mon cher Alain,
- Chers amis, / Mes chers amis,

Pour terminer sa lettre:

- Amitiés.
- Amicalement. / Très amicalement.
- Je vous embrasse.
- Grosses bises.

Ecrire une lettre officielle

Pour commencer une lettre officielle:

- (Cher) Monsieur,
- (Chère) Madame,
- (Chère) Mademoiselle,
- Messieurs,
- Mesdames,
- Mesdames, Messieurs,
- Monsieur le Président,
- Madame la Présidente,
- Monsieur le Directeur,
- Madame la Directrice

Pour terminer sa lettre:

- Je vous prie de croire, Madame, à mes sentiments distingués./ à mes sentiments les meilleurs.
- Recevez,/Je vous prie d'agréer, chère Mademoiselle, l'expression de mes sentiments distingués./ de mes sentiments les meilleurs.

Jost Niegel
Leuschnerstr. 28
D - 6800 Mannheim

Mannheim, le 5 août 19..

Monsieur le Directeur
de l'Office du Tourisme
place Bellecour
F - 69001 Lyon

Monsieur le Directeur,
Nous désirons passer deux jours avec notre caravane dans la région de Lyon. Pourriez-vous nous dire où il y a des terrains de camping et combien cela coûte par jour?
Pourriez-vous aussi nous donner des adresses de campings en Provence?
Je vous remercie d'avance et vous prie de croire, Monsieur le Directeur, à mes sentiments distingués.

J. Niegel

Office du Tourisme Place Bellecour 69001 Lyon

Lyon, le 9 août 19..

Monsieur Jost Niegel
Leuschnerstr. 28
D - 6800 Mannheim

Cher Monsieur,
Nous vous remercions de votre lettre du 5 ct et vous envoyons ci-joint une liste des campings de la région de Lyon, avec les prix, les adresses et les numéros de téléphone.
Pour la Provence, nous vous prions de vous adresser à la Fédération française de Camping et Caravaning, 78, rue de Rivoli, F - 75004 Paris (Tél. 272.84.08).
Recevez, cher Monsieur, l'expression de nos sentiments les meilleurs.

Le Directeur de l'Office p.o.

G. Lafont

G. Lafont

A vous.
Cherchez, sur une carte de France, dans votre livre de géographie par exemple, une ville où vous aimeriez aller (de préférence, une ville qui ne se trouve pas dans «Echanges»). Ecrivez à l'Office du Tourisme de cette ville pour avoir de la documentation. (Attention! N'écrivez pas tous au même Office du Tourisme!)

1

Compréhension orale – Réservations par téléphone

1. Premier texte: Réservation d'une chambre d'hôtel

a) *Ecoutez le texte. Faites très attention aux informations qui sont importantes pour l'employé de l'hôtel.*

b) *Ecoutez le texte une deuxième fois.*
Vous êtes l'employé de l'hôtel: prenez des notes.
1. Pour combien de nuits est-ce que la dame veut réserver?
2. Et pour quelle date?
3. Quelle chambre est-ce que la dame prend?
4. Est-ce qu'elle veut une chambre qui donne sur la rue ou sur la cour?
5. Quel est le nom de la dame?

c) *La dame arrive à l'hôtel. Elle va à la réception.*
Regardez les notes que vous avez prises, puis complétez le dialogue.
L'employé: Bonsoir, madame.
La dame: J'ai réservé une chambre par téléphone.
L'employé: C'est quel nom, s'il vous plaît?
La dame: Mme …
L'employé: Vous avez réservé pour une nuit. C'est bien ça?
La dame: …
L'employé: Bon, je vais vous montrer votre chambre. – Alors, voilà la salle de bains et les W.-C.
La dame: Mais, j'ai réservé une chambre avec …
L'employé: Comment ça?
La dame: Et puis, la chambre que j'ai réservée ne donne pas sur la rue, elle …
L'employé: Ecoutez, je ne comprends pas. Vous avez bien réservé une chambre à 200 F?
La dame: …
L'employé: Attendez. Vous vous appelez Reitmaier. C'est bien ça?
La dame: …
L'employé: Ah! ça y est, tout s'explique maintenant.

d) Pourquoi est-ce que l'employé dit: «Tout s'explique maintenant.»?

e) *A vous. Fermez vos livres. Jouez la scène.*

2. Deuxième texte: Réservation à l'auberge de jeunesse

a) *Ecoutez le texte, puis répondez aux questions.*
1. Est-ce que le jeune homme peut faire sa réservation tout de suite ou est-ce qu'il doit écrire une lettre?
2. Pourquoi est-ce qu'il faut réserver sa place très tôt, en août?

b) *Lisez ces questions, puis écoutez le texte une deuxième fois; prenez des notes pour pouvoir ensuite répondre aux questions.*
1. Le jeune homme veut réserver pour combien de personnes? Et pour combien de nuits?
2. Quand est-ce que ces personnes vont arriver?
3. Quand est-ce qu'elles vont repartir?
4. Quand est-ce qu'il faut réserver, en août, pour une ou deux personnes? Et pour un groupe?
5. Quel est le prix de la nuit? Avec ou sans le petit déjeuner?

Annexe Leçon 2

Voyages, rencontres, échanges

Tu désires faire un séjour en France? Eh bien, voilà quelques idées.

1. Tu demandes un correspondant français à ton professeur.
   Tu écris à ton correspondant, il te répond.
   Tu l'invites en Allemagne, puis il t'invite en France.
   C'est un échange.
2. Tu pars avec une organisation allemande qui s'occupe de séjours linguistiques en France.
   Tu as tous les matins deux ou trois heures de français. L'après-midi, tu fais des excursions.
   Il faut payer le voyage et le séjour. Tu loges dans une famille: tu es «hôte payant».
3. Des amis de tes parents, par exemple, partent en France en vacances, ou pour affaires.
   Il y a encore une place dans la voiture. Tu pars avec eux.
   En France, tu couches dans des auberges de jeunesse:
   ce n'est pas cher.
4. La ville où tu habites est jumelée avec une ville française.
   Tu te rends à la mairie de ta commune et tu demandes des renseignements sur les échanges qu'il y a entre les deux villes (activités sportives, culturelles, etc.).

5. Avec tes camarades, tu demandes à ton professeur d'organiser un échange avec une classe d'un collège français. Tu loges chez un des élèves de cette classe et tu vas au collège avec lui.

A vous.

a) Nous t'avons donné cinq idées: qu'est-ce que tu voudrais faire? Pourquoi?
b) Est-ce que tu as d'autres idées?
c) Est-ce que tu as déjà fait un séjour en France? Quand? Où? *Raconte.*

Pour terminer, une adresse utile:

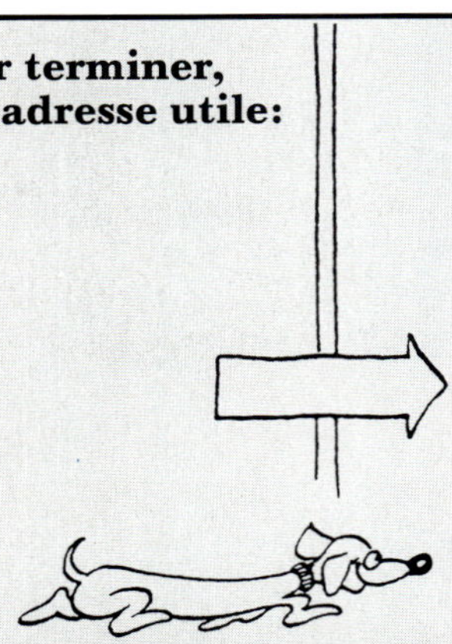

Office franco-allemand pour la jeunesse
6, rue Casimir-Delavigne
F-75006 Paris

Deutsch-Französisches Jugendwerk
Rhöndorfer Straße 23
5340 Bad Honnef 1

ofaj dfjw

C'est une organisation qui veut encourager les échanges entre la jeunesse française et la jeunesse allemande.

2

Compréhension orale – A la gare de Colmar

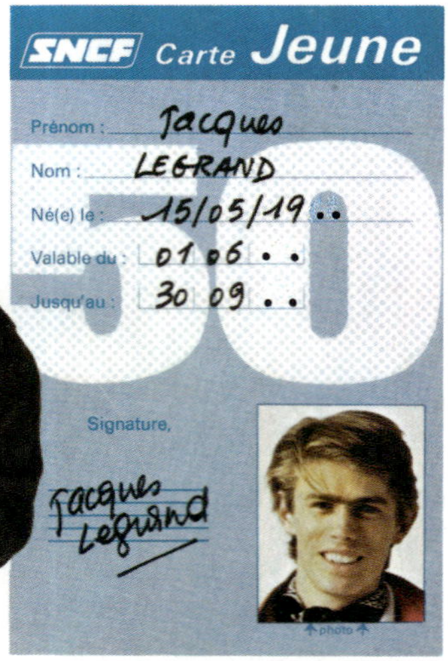

Calendrier d'utilisation de la carte Jeune.

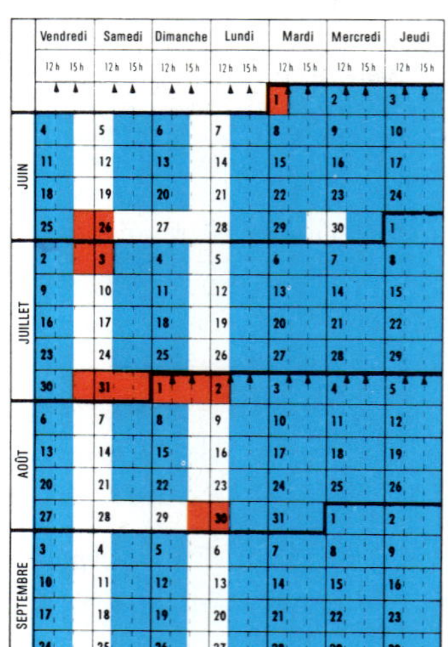

Période bleue
du samedi 12 h au dimanche 15 h,
du lundi 12 h au vendredi 15 h.

Période blanche
du vendredi 15 h au samedi 12 h,
du dimanche 15 h au lundi 12 h.

Période rouge
les jours des «grands départs».

a) *Ecoutez le texte, puis répondez aux questions.*
1. Quelles sont les personnes qui parlent dans ce texte?
2. De quel tarif et de quelle carte est-ce qu'elles parlent?
3. Le tarif, c'est pour qui? Et la carte?

b) *Tu es en France. François, un jeune Canadien, te demande des renseignements sur la carte. Ecoute le texte une deuxième fois: prends des notes pour donner à François des informations sur la carte.*

c) *Complétez le dialogue:*
Toi: Avec la carte …, tu peux voyager avec … % de réduction.
François: Dans tous les pays?
Toi: …
François: Pendant toute l'année?
Toi: … – Et puis, il faut voyager en «période bleue».
François: Qu'est-ce que c'est?
Toi: …
François: Au fait, elle coûte combien, cette carte?
Toi: …
François: Et où est-ce qu'on peut l'acheter?
Toi: …
François: Qu'est-ce qu'il faut apporter?
Toi: …
François: A quel âge est-ce qu'on peut l'acheter?
Toi: …

SNCF

Annexe Leçon 3

Compréhension orale – Ecoutons la radio.

1. Premier texte: La circulation

Ecoutez le texte.

a) *Répondez aux questions.*
1. A qui est-ce que le journaliste s'adresse?
2. De quelle région est-ce qu'il parle?
3. Quel jour est-ce?
4. Pourquoi est-ce que la circulation est difficile?

b) *Lisez ces questions, puis écoutez le texte une deuxième fois; prenez des notes pour pouvoir ensuite répondre aux questions.*
1. De quelle autoroute est-ce qu'on parle?
2. Il y a combien de bouchons sur l'autoroute?
3. Qu'est-ce qu'il y a après Mantes?
4. Il y a un bouchon de combien de kilomètres après Rocquencourt?
5. Qu'est-ce qu'on demande aux automobilistes de faire, à Rocquencourt?

2. Deuxième texte: La météo du 4 décembre

Ecoutez le texte.

a) *Répondez aux questions.*
1. De quelle région de France est-ce que le journaliste parle?
2. Quel temps fait-il ce jour-là?

b) *Regardez la carte et cherchez Ste-Marie-aux-Mines, Ensisheim, Colmar et Mulhouse. Maintenant, lisez ces phrases, puis écoutez le texte une deuxième fois. Dites ensuite si c'est juste ou faux. Quand c'est faux, corrigez la phrase.*
1. C'est la météo du soir.
2. La circulation est difficile sur la Nationale 59.
3. A Ste-Marie-aux-Mines, il a plu toute la nuit.
4. Il y a du brouillard, mais on peut rouler assez vite.
5. La Nationale 83 est bloquée.
6. Pour aller de Mulhouse à Colmar, il faut prendre la Nationale 83.

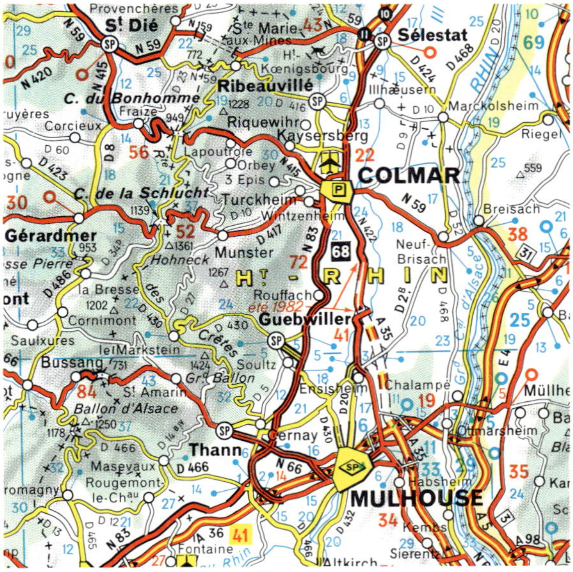

© D'après carte du Pneu Michelin N° 989, édition 1982

3. Troisième texte: Message personnel

Ecoutez le texte.

a) *Répondez aux questions.*
1. Comment s'appelle le monsieur?
2. Où est-ce qu'il habite?
3. Qu'est-ce qu'il a comme voiture?
4. Qu'est-ce qu'on lui demande de faire?

b) *Ecoutez le texte une deuxième fois.*
Notez le numéro d'immatriculation et le numéro de téléphone.

3

Révision de grammaire 1

1. L'adjectif: accord et place

Heidrun passe ses vacances avec ses parents dans un camping, près de Nice. Elle écrit une lettre à sa correspondante française, Annie. Elle l'écrit d'abord en allemand, puis elle la traduit en français. *Traduisez.*

Liebe Annie!

Die Côte d'Azur ist eine tolle Gegend! Ich bin sehr glücklich, hier zu sein. Wir sind auf einem großen Campingplatz in der Nähe von Nizza. Nizza ist eine schöne Stadt. Die alten Viertel sind sehr hübsch. Gestern haben wir dort einen langen Spaziergang gemacht. Auf dem Markt habe ich einen hübschen violetten Rock gekauft. Er hat nur 40 Francs gekostet *(... 40F seulement),* aber er ist sehr schick.

Neben uns auf dem Campingplatz ist eine holländische Familie. Es sind sehr sympathische Leute Sie haben zwei Kinder, die 15 und 16 Jahre alt sind. Der Junge ist blond und hat schwarze Augen das Mädchen hat dunkle Haare und blaue Augen. Sie haben einen großen *(gros)* weißen Hund: ein schönes Tier mit einem großen *(gros)* Kopf! Für mich ist er schon wie ein alter Freund.

Wenn ich esse, setzt er sich *(se mettre)* neben mich und schaut mich mit seinen großen traurigen Augen an. Aber man kann ihm nichts geben: er ist krank gewesen.

Und Du? Was machst Du in der Auvergne? Ich warte auf Nachricht von Dir.

Herzlichst
Heidrun

2. La négation

M. Martin est dans son appartement. On sonne. C'est le commissaire Perrier, avec un inspecteur.

Exemple:

Le commissaire: Vous avez entendu quelque chose, ce matin, vers 3 heures?
M. Martin: Non. Rien. **Je n'ai rien entendu.**
Continuez.

1. – Il n'y a pas quelque chose qui vous a réveillé?
   – Non. Rien. Rien ...
2. – Vous avez vu quelqu'un dans votre rue, hier soir?
   – Non. Personne. Je ...
3. – Vous allez souvent au «Café du Marché»?
   – Non. Jamais. Je ...
4. – Vous travaillez encore chez Laporte?
   – Non. Je ...
5. – Vous êtes sorti, hier soir?
   – Non. Je ...
6. – Est-ce que quelqu'un est venu chez vous?
   – Non. Personne ...
7. – Est-ce que vous pouvez dire quelque chose sur le «grand Jules»?
   – Non. Rien. Je ...
8. – Vous devez voir quelqu'un cet après-midi, à 4 heures. Non?
   – Non. Personne. Je ...
9. – Vous avez de l'argent, chez vous?
   – Non. Je ...
   – Bon. Eh bien, merci d'avoir répondu à nos questions.
   – Ecoutez, M. le commissaire, vous ne pouvez pas me dire pourquoi ___ ?
   – Non, je regrette, je ne peux rien vous dire. Au revoir, monsieur.

3. Les articles *Complétez, quand il le faut.*

Bonjour, monsieur. Je voudrais … farine. Un kilo … farine, s'il vous plaît. Et … œufs, beaucoup … œufs: c'est pour faire … crêpes. J'aime … crêpes, pas vous? Et un pot … confiture d'oranges: je mange … crêpes avec … confiture. Mais non, ça, ce n'est pas … confiture d'oranges, c'est … confiture d'ananas. Ah, vous n'avez pas … confiture d'oranges? Bon, bon, je préfère … oranges, mais je suis d'accord pour … ananas *(pluriel)*. Et puis, je voudrais … beurre. Je ne sais pas combien … beurre il faut pour douze personnes. Bon, vous me donnez 250 grammes … beurre. Vous avez … beurre de Hollande? J'aime bien … beurre hollandais. Pourquoi est-ce que vous m'avez donné … sel? Je ne veux pas … sel. Je fais toujours … crêpes sans … sel.

Annexe Leçon 4

Vœux et félicitations

Pour Noël
- ✦ Joyeux Noël!
- ✦ Je te / vous souhaite un joyeux Noël.

Pour le Nouvel An
- ✦ Bonne année!
- ✦ Bonne année, bonne santé!
- ✦ Mes meilleurs vœux pour la nouvelle année.
- ✦ Je te / vous souhaite une bonne et heureuse année.

Pour un anniversaire
- ✦ Bon anniversaire!
- ✦ Joyeux anniversaire!
- ✦ Heureux anniversaire!
- ✦ Je te / vous souhaite un bon anniversaire.

Pour un mariage
- ✦ Meilleurs vœux de bonheur!
- ✦ Je vous présente tous mes vœux de bonheur.

Pour une naissance
- ✦ Félicitations!
- ✦ Recevez toutes nos félicitations pour la naissance de …, avec tous nos vœux de bonne santé pour la maman.

Quand quelqu'un est malade
- ✦ Je te / vous souhaite un prompt rétablissement.

A vous.
Trouvez d'autres situations où on souhaite quelque chose à quelqu'un. Qu'est-ce qu'on dit dans ces situations?

4

Le calendrier

JANVIER ○ 7 h 45 à 16 h 03

1	V	**JOUR DE L'AN**
2	S	S. Basile
3	D	**Epiphanie**
4	L	S. Odilon
5	M	S. Edouard
6	M	S. Mélaine
7	J	S. Raymond
8	V	S. Lucien
9	S	Se Alix
10	D	S. Guillaume
11	L	S. Paulin
12	M	Se Tatiana
13	M	Se Yvette
14	J	Se Nina
15	V	S. Rémi
16	S	S. Marcel
17	D	Se Roseline
18	L	Se Prisca
19	M	S. Marius
20	M	S. Sébastien
21	J	Se Agnès
22	V	S. Vincent
23	S	S. Barnard
24	D	S. Fr. de Sales
25	L	*Conv. S. Paul*
26	M	Se Paule
27	M	Se Angèle
28	J	S. Th. d'Aquin
29	V	S. Gildas
30	S	Se Martine
31	D	Se Marcelle

FÉVRIER ○ 7 h 23 à 16 h 45

1	L	Se Ella
2	M	*Présentation*
3	M	S. Blaise
4	J	Se Véronique
5	V	Se Agathe
6	S	S. Gaston
7	D	Se Eugénie
8	L	Se Jacqueline
9	M	Se Apolline
10	M	S. Arnaud
11	J	*N. D. Lourdes*
12	V	S. Félix
13	S	Se Béatrice
14	D	S. Valentin
15	L	S. Claude
16	M	Se Julienne
17	M	S. Alexis
18	J	Se Bernadette
19	V	S. Gabin
20	S	Se Aimée
21	D	S. P. Damien
22	L	Se Isabelle
23	M	**Mardi-Gras**
24	M	**Cendres**
25	J	S. Roméo
26	V	S. Nestor
27	S	Se Honorine
28	D	**Carême**

MARS ○ 6 h 35 à 17 h 32

1	L	S. Aubin
2	M	S. Charles le B.
3	M	S. Guénolé
4	J	S. Casimir
5	V	S. Olive
6	S	Se Colette
7	D	Se Félicité
8	L	S. Jean de Dieu
9	M	Se Françoise
10	M	S. Vivien
11	J	Se Rosine
12	V	Se Justine
13	S	S. Rodrigue
14	D	Se Mathilde
15	L	Se Louise de M.
16	M	Se Bénédicte
17	M	S. Patrice
18	J	S. Cyrille
19	V	S. Joseph
20	S	PRINTEMPS
21	D	Se Clémence
22	L	Se Léa
23	M	S. Victorien
24	M	Se Cath. de Suè.
25	J	**Annonciation**
26	V	Se Larissa
27	S	S. Habib
28	D	S. Gontran
29	L	Se Gwladys
30	M	S. Amédée
31	M	S. Benjamin

AVRIL ○ 5 h 31 à 18 h 20

1	J	S. Hugues
2	V	Se Sandrine
3	S	S. Richard
4	D	**Rameaux**
5	L	Se Irène
6	M	S. Marcellin
7	M	S. J.B. de la S.
8	J	Se Julie
9	V	S. Gautier
10	S	S. Fulbert
11	D	**PAQUES**
12	L	S. Jules
13	M	Se Ida
14	M	S. Maxime
15	J	S. Paterne
16	V	S. Benoît-J.
17	S	S. Anicet
18	D	S. Parfait
19	L	Se Emma
20	M	Se Odette
21	M	S. Anselme
22	J	S. Alexandre
23	V	S. Georges
24	S	S. Fidèle
25	D	**Jour du Souv.**
26	L	Se Alida
27	M	Se Zita
28	M	Se Valérie
29	J	Se Cath. de Sien.
30	V	S. Robert

MAI ○ 4 h 33 à 19 h 04

1	S	**F. du TRAVAIL**
2	D	S. Boris
3	L	SS. Phil., Jacq.
4	M	S. Sylvain
5	M	Se Judith
6	J	Se Prudence
7	V	Se Gisèle
8	S	S. Désiré
9	D	**Fête J.-d'Arc**
10	L	Se Solange
11	M	Se Estelle
12	M	S. Achille
13	J	Se Rolande
14	V	S. Matthias
15	S	Se Denise
16	D	S. Honoré
17	L	S. Pascal
18	M	S. Eric
19	M	S. Yves
20	J	**ASCENSION**
21	V	S. Constantin
22	S	S. Emile
23	D	S. Didier
24	L	S. Donatien
25	M	Se Sophie
26	M	S. Bérenger
27	J	S. Augustin
28	V	S. Germain
29	S	S. Aymard
30	D	**PENTECÔTE**
31	L	*Visitation*

JUIN ○ 3 h 54 à 19 h 44

1	M	S. Justin
2	M	Se Blandine
3	J	S. Kévin
4	V	Se Clothilde
5	S	S. Igor
6	D	**F. des Mères**
7	L	S. Gilbert
8	M	S. Médard
9	M	Se Diane
10	J	S. Landry
11	V	S. Barnabé
12	S	S. Guy
13	D	**Fête-Dieu**
14	L	S. Elisée
15	M	Se Germaine
16	M	S. J.F. Régis
17	J	S. Hervé
18	V	S. Léonce
19	S	S. Romuald
20	D	S. Silvère
21	L	ÉTÉ
22	M	S. Alban
23	M	Se Audrey
24	J	S. Jean-Bapt.
25	V	S. Prosper
26	S	S. Anthelme
27	D	S. Fernand
28	L	S. Irénée
29	M	SS. Pierre, Paul
30	M	S. Martial

JUILLET ○ 3 h 53 à 19 h 56

1	J	S. Thierry
2	V	S. Martinien
3	S	S. Thomas
4	D	S. Florent
5	L	S. Antoine
6	M	Se Mariette-G.
7	M	S. Raoul
8	J	S. Thibaut
9	V	Se Amandine
10	S	S. Ulrich
11	D	S. Benoît
12	L	S. Olivier
13	M	SS. Henri, Joël
14	M	**F. NATIONALE**
15	J	S. Donald
16	V	*N. D. Mt-Car.*
17	S	Se Charlotte
18	D	S. Frédéric
19	L	S. Arsène
20	M	Se Marina
21	M	S. Victor
22	J	Se Marie-Mad.
23	V	Se Brigitte
24	S	Se Christine
25	D	S. Jacques
26	L	SS. Anne, Joa.
27	M	Se Nathalie
28	M	S. Samson
29	J	Se Marthe
30	V	Se Juliette
31	S	S. Ignace de L.

AOÛT ○ 4 h 25 à 19 h 28

1	D	S. Alphonse
2	L	S. Julien-Ey.
3	M	Se Lydie
4	M	S. J. M. Vian.
5	J	S. Abel
6	V	*Transfiguration*
7	S	S. Gaëtan
8	D	S. Dominique
9	L	S. Amour
10	M	S. Laurent
11	M	Se Claire
12	J	Se Clarisse
13	V	S. Hippolyte
14	S	S. Evrard
15	D	**ASSOMPTION**
16	L	S. Armel
17	M	S. Hyacinthe
18	M	Se Hélène
19	J	S. Jean-Eud.
20	V	S. Bernard
21	S	S. Christophe
22	D	S. Fabrice
23	L	Se Rose de L.
24	M	S. Barthélemy
25	M	S. Louis
26	J	Se Natacha
27	V	Se Monique
28	S	S. Augustin
29	D	Se Sabine
30	L	S. Fiacre
31	M	S. Aristide

SEPTEMBRE ○ 5 h 03 à 18 h 32

1	M	S. Gilles
2	J	Se Ingrid
3	V	S. Grégoire
4	S	Se Rosalie
5	D	Se Raïssa
6	L	S. Bertrand
7	M	Se Reine
8	M	*Nativité N.-D.*
9	J	S. Alain
10	V	Se Inès
11	S	S. Adelphe
12	D	S. Apollinaire
13	L	S. Aimé
14	M	*La Se Croix*
15	M	S. Roland
16	J	Se Edith
17	V	S. Renaud
18	S	Se Nadège
19	D	Se Emilie
20	L	S. Davy
21	M	S. Matthieu
22	M	S. Maurice
23	J	AUTOMNE
24	V	Se Thècle
25	S	S. Hermann
26	D	SS Côme, Dam.
27	L	S. Vinc. de Paul
28	M	S. Venceslas
29	M	S. Michel
30	J	S. Jérôme

OCTOBRE ○ 5 h 51 à 17 h 29

1	V	Se Th. de E. J.
2	S	S. Léger
3	D	S. Gérard
4	L	S. Fr. d'Assise
5	M	Se Fleur
6	M	S. Bruno
7	J	S. Serge
8	V	Se Pélagie
9	S	S. Denis
10	D	S. Ghislain
11	L	S. Firmin
12	M	S. Wilfried
13	M	S. Géraud
14	J	S. Juste
15	V	Se Th. d'Avila
16	S	Se Edwige
17	D	S. Baudouin
18	L	S. Luc
19	M	S. René
20	M	Se Adeline
21	J	Se Céline
22	V	Se Elodie
23	S	S. Jean de C.
24	D	S. Florentin
25	L	S. Crépin
26	M	S. Dimitri
27	M	Se Emeline
28	J	SS. Sim., Jude
29	V	S. Narcisse
30	S	S. Bienvenue
31	D	S. Quentin

NOVEMBRE ○ 6 h 38 à 16 h 30

1	L	**TOUSSAINT**
2	M	**Défunts**
3	M	S. Hubert
4	J	S. Charles
5	V	Se Sylvie
6	S	Se Bertille
7	D	Se Carine
8	L	S. Geoffroy
9	M	S. Théodore
10	M	S. Léon
11	J	**ARMISTICE**
12	V	S. Christian
13	S	S. Brice
14	D	S. Sidoine
15	L	S. Albert
16	M	Se Marguerite
17	M	Se Elisabeth
18	J	Se Aude
19	V	S. Tanguy
20	S	S. Edmond
21	D	*Prés. de Marie*
22	L	Se Cécile
23	M	S. Clément
24	M	Se Flora
25	J	Se Catherine L.
26	V	Se Delphine
27	S	S. Séverin
28	D	**Avent**
29	L	S. Jacq. de la M.
30	M	S. Saturnin

DÉCEMBRE ○ 7 h 24 à 15 h 55

1	M	Se Florence
2	J	Se Viviane
3	V	S. Xavier
4	S	Se Barbara
5	D	S. Gérald
6	L	S. Nicolas
7	M	S. Ambroise
8	M	*Imm. Concept.*
9	J	S. P. Fourier
10	V	S. Romaric
11	S	S. Daniel
12	D	Se Jeanne-F.C.
13	L	Se Lucie
14	M	Se Odile
15	M	Se Ninon
16	J	Se Alice
17	V	S. Gaël
18	S	S. Gatien
19	D	S. Urbain
20	L	S. Abraham
21	M	S. Pierre C.
22	M	HIVER
23	J	S. Armand
24	V	Se Adèle
25	S	**NOËL**
26	D	S. Etienne
27	L	S. Jean
28	M	*SS. Innocents*
29	M	S. David
30	J	S. Roger
31	V	S. Sylvestre

a) 1. Quels sont les mois de l'année?
2. Pâques, c'est quand? Et la Pentecôte, la Fête Nationale, la Toussaint, Noël, la Saint-Sylvestre, le Nouvel An?

b) 1. *Lisez.* **Au printemps,** les élèves français ont 15 jours de vacances. Ce sont les vacances de Pâques.
En été, il y a les vacances de Pentecôte et les grandes vacances.
En automne, les élèves ont 10 jours pour la Toussaint.
En hiver, il y a les vacances de Noël et les vacances de février.
2. *Maintenant, répondez.*
Quand commencent les vacances de Pâques? Quand est-ce qu'elles se terminent? Et les autres vacances? Combien de temps durent les grandes vacances?

c) ☞ *A vous*
Vous parlez de vos vacances à un camarade français:
1. Au printemps, on a .... *Continuez.*
2. Qu'est-ce que vous aimez faire pendant vos vacances? *Racontez.*

Compréhension orale – Les fêtes de fin d'année

a) *Ecoutez le texte, puis répondez aux questions.*
1. De quelles fêtes est-ce qu'on parle dans le texte?
2. Comment est-ce qu'on les fête: en famille ou avec des amis?

b) *Lisez ces questions, puis écoutez le texte une deuxième fois. Ensuite, répondez aux questions.*
Première partie:
1. Qu'est-ce qu'on achète, quelques jours avant le 25 décembre?
2. Est-ce que l'Avent existe, en France? Est-ce qu'on le fête?
3. Quand est-ce que les enfants français ont leurs cadeaux?
4. En Allemagne, le 26 décembre est un jour férié. Et en France?

Deuxième partie:
1. Le soir du 31 décembre, on fait, en Allemagne, des petits feux d'artifice. Et en France?
2. Qu'est-ce qu'on fait, en France, quand on rencontre des amis dans la rue, le 1er janvier?

c) ☞ *A vous. Racontez à des amis français comment vous fêtez Noël et le Jour de l'An. Est-ce que vous aimez ces fêtes? Pourquoi?*

Décorations de Noël à Paris

Noël en famille

Compréhension orale – Au poste de secours de Merlette

Merlette est une station de ski qui se trouve dans les Alpes françaises.
Près de Merlette, il y a une montagne qui s'appelle «le Paravar».

a) *Ecoutez le texte, puis répondez aux questions.*
1. Quelles sont les personnes qui parlent dans la première partie du texte?
2. Où est-ce qu'elles se trouvent?
3. Quelles sont les personnes qui parlent dans la deuxième partie?
4. Où est-ce qu'elles sont?
5. De qui est-ce que les personnes parlent dans la troisième partie?

b) *Lisez ces questions, puis écoutez le texte une deuxième fois.*
Ensuite, répondez aux questions.

Première partie:
1. Pourquoi est-ce que la dame va au poste de secours?
2. Qu'est-ce que l'employé du poste voit avec ses jumelles?
3. Pourquoi est-ce qu'il est surpris?
4. Qu'est-ce qu'il fait ensuite?

Deuxième partie:
1. Qui se trouve avec le pilote, dans l'hélicoptère?
2. Où est-ce que le pilote s'est posé?
3. Est-ce que cela a été facile ou est-ce qu'il a eu des difficultés?

Troisième partie:
1. Le docteur et le pilote vont près de l'homme. Qu'est-ce que le docteur voit?
2. Combien de temps est-ce que l'homme est resté dans la neige?
3. Où est-ce que le docteur et le pilote vont le transporter?
4. Comment est-ce que cet homme s'appelle? Quel âge est-ce qu'il a? D'où est-ce qu'il est?

Révision de grammaire 2

1. «Y», «en» et les pronoms personnels

Centre de vacances de Zinal, 7 heures du soir. Sophie pose des questions à Catherine.
Exemple: – Tu reviens **du village?**
– Oui, j'**en** reviens.

1. Tu es restée combien de temps **au village?** (– J'... une heure.)
2. Tu as téléphoné **à tes parents?** (– Oui, je ...)
3. Tu as écrit **à ta copine Laurence?** (– Non, ...)
4. Tu vas aller **à Sorebois** demain? (– Oui, ...)
5. Tu as fait **du ski de fond** hier après-midi? (– Oui, ... un peu.)
6. Chantal a déjà parlé **au moniteur?** (– Oui, ...)
7. Alors, elle va prendre **des leçons de ski?** (– Oui, ...)
8. Tu aimes bien **les moniteurs?** (– Oui, ... bien.)
9. Tu trouves **Daniel** sympathique? (– Oui, ... assez ...)
10. Tu vois **la petite brune** là-bas? (– Oui, ...) – Eh bien, c'est la nouvelle copine de Daniel.

2. Les pronoms objets

Traduisez en français. Faites attention aux pronoms objets.

Im «Pot-au-feu»

M. Royer: Kannst du *mir* die Flasche Rotwein reichen?

Mme Royer: Hier ist *sie*. Weißt du, warum der Sohn des Wirtes *uns* diesen Nachtisch angeboten hat?

M. Royer: Nein. Kennt er *dich?*

Mme Royer: Nein. Er kennt *mich* nicht.

Jacqueline: Doch. Ich habe *ihm* von deinem Geburtstag erzählt *(parler)*.

M. Royer: Ach ja? Bist du *ihm* schon [einmal] begegnet *(rencontrer)*?

Mme Royer: Jetzt verstehe ich, warum du *uns* den «Gourmet» vorgeschlagen hast.

3. «Savoir» et «pouvoir»

Complétez par savoir *ou* pouvoir.

Dans une station de ski

1. *Une jeune fille à sa copine:*
   - Tu ... faire du ski de fond?
   - Non. Tu ... me montrer comment on fait?
2. *Un petit garçon à son père:*
   - Papa, tu ... m'aider à mettre mes skis?
   - Tu ne ... pas mettre tes skis? C'est nouveau, ça.
3. *Un jeune homme à son copain:*
   - Tu connais quelqu'un qui ... parler l'allemand? Beate et moi, on a des problèmes: elle ne ... pas le français, et moi, je ne ... pas l'allemand.
   - Annick et moi, nous ... un peu parler l'allemand. Nous ... vous aider.
4. *Une jeune fille à sa copine:*
   - Luc et Alain ne veulent pas sortir ce soir. Ils disent qu'ils sont fatigués.
   - Tu parles! Ce n'est pas vrai. Ils ne ... pas s'amuser. Ils ne ... pas vivre. C'est tout!
   - Oui, quand on leur propose de faire quelque chose, ils ne ... jamais!

Lui, il sait vivre!

4. Les verbes

Bernard est en vacances chez sa tante Yvette, à Ploumanach, en Bretagne.
Il téléphone à ses parents. *Accordez les verbes.*

– Allô! Bonjour, maman. Je t'*(appeler)* pour te donner un peu de mes nouvelles.
Je *(s'amuser)* bien ici, je ne *(s'ennuyer)* pas une minute!
Tu *(savoir)* que j'ai un copain, à Ploumanach. Il *(connaître)* beaucoup de jeunes.
Alors, on *(sortir)* très souvent. De plus, comme son père est pêcheur, nous *(partir)* souvent en mer avec lui.
A Ploumanach, presque tous les gens *(vivre)* de la pêche ...
Oui, tu *(avoir)* raison. Ce n'est pas un travail agréable! En décembre, par exemple, les pêcheurs *(partir)* vers cinq ou six heures du matin, et ils *(finir)* à six heures du soir.
Ils *(dormir)* peu! Moi, par contre, je *(dormir)* bien, je *(devoir)* dire: 10 heures par nuit! ...
Qu'est-ce que tu *(dire)*? Ah! tu *(vouloir)* savoir pourquoi je n' *(écrire)* pas.
Mais, vous ne m' *(écrire)* pas non plus! Et puis, je *(préférer)* téléphoner: ça *(aller)* plus vite!
Tiens, au fait, la tante Yvette a un nouveau voisin. C'est un type qui a *(vivre)* longtemps aux Etats-Unis. Il *(tenir)* un magasin: il *(vendre)* des vêtements américains.
Il est sympa: il m'a *(offrir)* un jean et une chemise ...
Bon. Eh bien, je te *(quitter)*. Tante Yvette et moi, nous *(espérer)* que tout le monde *(aller)* bien. *(Embrasser)* bien papa et Janine pour moi. Au revoir, maman.

1. Panneaux qu'il faut connaître quand on roule en France

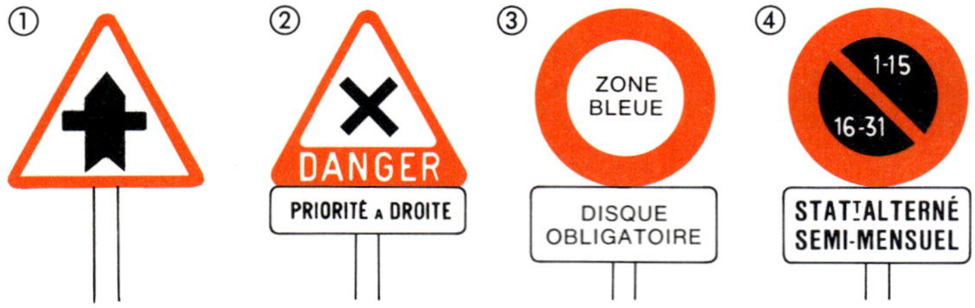

Regardons ces panneaux.

N° 1: Est-ce qu'on peut passer ou est-ce qu'il faut laisser passer les voitures qui viennent de la droite?
N° 2: C'est vous qui avez la priorité?
N° 3: Est-ce que tout le monde peut stationner ici?
N° 4: Expliquez ce panneau (La partie où il y a «1–15» se rapporte au côté gauche de la rue).

2. Un accident de voiture

a) *Regardez les images et répondez aux questions.*

1. Voilà un carrefour.
   Un camion et une voiture arrivent.
   Regardez les panneaux:
   il y a un stop et un panneau de priorité.
   Qui doit s'arrêter?
   Qui a la priorité?

2. Le camion est rentré dans la voiture.
   Qui est en tort?

3. Le chauffeur de la voiture est blessé à la tête. Il faut le transporter à l'hôpital.
   Un monsieur appelle une ambulance.
   Qu'est-ce qu'il dit?

b) *A vous.*

1. *Vous avez vu l'accident. Les gendarmes vous demandent de raconter comment ça s'est passé.*
2. *Imaginez les questions que les gendarmes posent au chauffeur du camion et les réponses du chauffeur. Faites le dialogue.*

3. La mobylette

1 le moteur
2 une roue
3 un pneu
4 la selle
5 une pédale
6 le réservoir
7 la chaîne
8 la bougie
9 le guidon
10 le compteur
11 un frein
12 le phare

a) *Complétez.*
1. Quand on fait de la mobylette, on roule sur deux ....
2. On se met sur ....
3. On met les pieds sur ... et les mains sur ....
4. Pour voir à quelle vitesse on roule, on regarde ....
5. Quand on pense qu'on va trop vite, on se sert des ....
6. Quand ... est cassé, on ne peut pas rouler la nuit.
7. Quand il n'y a rien dans ..., ... s'arrête.

b) Quelles sont les parties de la mobylette qu'il y a aussi dans une voiture/dans un vélo?

c) Vous vous intéressez aux autres parties de la mobylette? Alors, regardez dans un dictionnaire allemand-français.

Compréhension orale – Situations

a) *Ecoutez les textes.*
Après chaque texte, dites où se trouvent les personnes qui parlent.

b) *Lisez ces phrases, puis écoutez chaque texte une deuxième fois: prenez des notes pour pouvoir ensuite faire les exercices.*

Situation 1 – Répondez aux questions.
1. Qu'est-ce que le monsieur achète?
2. Combien est-ce qu'il doit payer?
3. Combien est-ce qu'il donne à la dame?
4. Combien est-ce que la dame lui rend?

Situation 2 – Corrigez les phrases.
1. Le menu propose «Fromages et desserts».
2. La dame prend une glace.
3. Son mari prend du fromage.
4. Jean-Luc prend une glace au citron.
5. Le garçon apporte un fromage, un fruit et une glace.

Situation 3 – Complétez les phrases.
1. La dame achète ... et ....
2. La dame demande au monsieur de mettre ....
3. Elle n'est pas Française, elle est ....
4. Le monsieur le sait parce que ....

Le 14-Juillet

En 1789 ...

En 1789, Louis XVI était roi de France. Il vivait au château de Versailles avec sa famille et la cour. La politique ne l'intéressait pas beaucoup; il préférait aller à la chasse ou travailler dans son atelier de serrurerie.
Entre 1785 et 1789, les prix avaient beaucoup monté en France, surtout le prix du pain.
En cet été de 1789, le peuple français avait faim. Les gens étaient en colère contre le roi: ils trouvaient qu'il dépensait trop d'argent pour la cour et pour l'armée.

Le 14 juillet 1789, à Paris, la colère du peuple a éclaté. Dans tous les quartiers, on entendait: «A la Bastille!». Une grande foule s'est rendue à cette prison qui était en ce temps-là, pour les Français, le symbole de la monarchie absolue.
Le peuple s'est installé devant la Bastille avec quatre canons. Le commandant de la prison, M. de Launay, a fait tirer sur la foule; mais les gens ne sont pas partis.
Comme de Launay avait quelques soldats seulement, il n'a pas pu résister longtemps.
Au bout de quatre heures, la foule est entrée dans la prison.
Le soir, le peuple de Paris a fêté la prise de la Bastille:
les gens chantaient et dansaient dans les rues et sur les places de la ville.

Le 14 juillet 1789 est une date importante dans l'histoire de la Révolution française.

... et aujourd'hui

Le 14-Juillet est la Fête Nationale des Français. Personne ne travaille ce jour-là. Le matin, il y a un grand défilé militaire à Paris, sur les Champs-Elysées. L'après-midi, dans toutes les villes et dans tous les villages de France, il y a des jeux en plein air, des courses à pied, des courses cyclistes, des concerts, etc. A Apt, par exemple, il y a un concours de pétanque, des jeux pour enfants et ... une course aux ânes! Les gens qui n'ont pas envie d'aller à la fête ont la possibilité de faire, ce jour-là, une promenade en voiture: ils mangent alors au restaurant ou pique-niquent dans la forêt. Le soir, enfin, il y a un grand feu d'artifice, le plus beau de toute l'année. Après le feu d'artifice, beaucoup de gens vont au bal ou dansent dans les rues et dans les cafés.

7

Compréhension orale – D'Avignon à St-Rémy

a) *Ecoutez le texte, puis répondez aux questions.*
1. Alain et Gisela arrivent à la gare d'Avignon. Pourquoi est-ce qu'ils vont au guichet des renseignements?
2. Avec qui est-ce qu'Alain et Gisela parlent dans la deuxième partie du texte?
3. Qu'est-ce qu'ils vont faire à St-Rémy?

b) *Lisez ces questions, puis écoutez la première partie du texte une deuxième fois. Ensuite, répondez aux questions.*
1. Quel est le numéro du bus qui va à St-Rémy?
2. D'où est-ce que le bus part?
3. Regardez le plan. A quel numéro se trouve l'arrêt de bus?

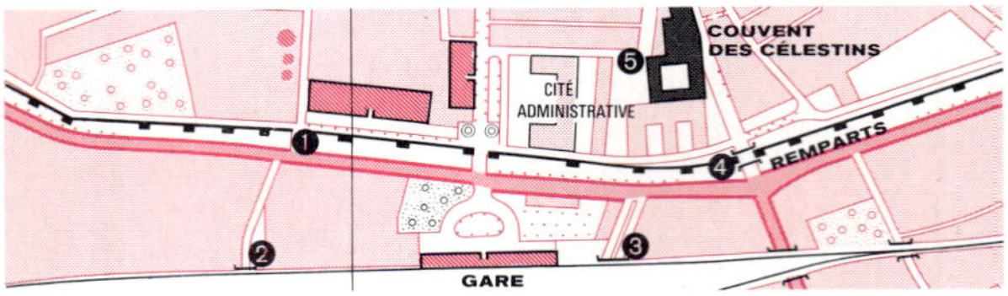

© *D'après guide vert «Provence», 2ème édition du Pneu Michelin*

c) *Lisez ces questions, puis écoutez la deuxième partie du texte une deuxième fois: prenez des notes pour pouvoir ensuite répondre aux questions.*
1. A quelle heure est-ce que le bus part?
2. Combien de temps est-ce que Gisela et Alain doivent attendre?
3. Combien coûte un ticket de bus Avignon-St-Rémy?
4. Combien est-ce qu'Alain donne au monsieur?
5. Composter, qu'est-ce que c'est en allemand?
   a) wegwerfen
   b) entwerten
   c) vorzeigen
   d) aufbewahren
6. De quel pays vient Gisela?
7. Combien de fois est-ce qu'elle est déjà allée en Provence?

Révision de grammaire 3

1. Impératif et pronoms

Dans le Lubéron. *Donnez les réponses. Employez l'impératif et des pronoms.*

Exemple: – Je dis **à Stéphanie** de venir avec nous? (– Bien sûr, ... de venir.)
– Bien sûr, **dis-lui** de venir.

1. Je propose à Paul et à Jacqueline de nous accompagner? (– D'accord, ... de nous accompagne
2. Je demande d'abord à M. Rioux s'il est d'accord? (– Non, non, ... Il est d'accord. J'en suis sû
3. Je vais à la cave? (– Oui, ... s'il te plaît.)
4. J'apporte la peinture jaune? (– Oui, ...)
5. Je prends aussi les machettes? (– Non, ... Elles sont déjà là.)
6. Je prends le pot de peinture blanche? (– Non, non, ...)
7. Je vais à la boulangerie, pour le pain? (– Non, ... Sylvie l'a déjà acheté.)
8. Je mets combien de points jaunes quand le chemin tourne: trois? (– Non, ... trois, ... deux.)
9. On enlève ces broussailles? (– Non, ... enlevons .... On a assez travaillé.)
10. On se met là, sous l'arbre? (– D'accord, ... là.)
11. Je peux me mettre à côté de toi? (– Oui, je veux bien. ....)
12. On mange les œufs? (– Non, ... maintenant. Buvons d'abord quelque chose.)
13. On aide M. Rioux à faire les balises du retour? (– D'accord, ...)

2. La comparaison *Complétez (comparatif: +/–, superlatif: ++/––, égalité: =).*

1. *(grand):*	L'Allemagne est ... la France. Mais elle est ... la Suisse. ... pays des trois, c'est la France.	– ; + ++
2. *(connu):*	Le Sacré-Cœur est ... Notre-Dame-de-Paris et ... la Sainte-Chapelle. L'église ... des trois, c'est la Sainte-Chapelle.	= ; + ––
3. *(bon):*	Beaucoup de gens pensent que la cuisine allemande est ... la cuisine française et ... la cuisine anglaise. ... cuisine des trois, c'est la cuisine française.	– + ; ++
4. *(souvent):*	On dit aussi que les Français mangent ... des pommes de terre ... les Italiens, mais ... les Allemands. Ce sont les Italiens qui en mangent	+ – ––
5. *(bien):*	Les Français jouent ... au rugby ... les Anglais et ... les Allemands. Ce sont les Allemands qui y jouent	= ; + ––

3. Verbes avec «à», «de» ou sans préposition *Traduisez en français.*

In der Bäckerei von M. Laffont:

M. Laffont: Ich habe von diesen Jugendlichen wirklich die Nase voll. Die hören nicht auf, meine Kunden zu belästigen.

Mme Bonneau: Ja, das stimmt. Sie haben versucht, mich am Eintreten zu hindern. Und sie machen einen enormen Lärm mit ihren Mofas. Wissen Sie, ich habe Angst vor ihnen. Ich habe sogar Angst, mit ihnen zu sprechen.

Mme Jacquin: So böse sind sie auch wieder nicht. Gestern hat mir einer von ihnen geholfen, meinen Kinderwagen *(voiture d'enfant)* hinaufzutragen *(monter)*. Übrigens, wie geht es Ihrem Sohn?

Mme Bonneau: Es geht ihm gut. Er fängt an zu laufen *(marcher)*. Jetzt müssen wir immer aufpassen. Gestern hat er gelernt, das Radio einzuschalten.

M. Laffont: Sagen Sie, Mme Jacquin, hat Ihr Cousin aus Paris Sie angerufen *(téléphoner)?*

Mme Jacquin: Ja, er hat mich gerade angerufen. Er will eine Woche bei uns verbringen. Aber ich habe ihn gebeten *(demander)*, länger zu bleiben.

M. Laffont: Auch ich freue mich *(être content)*, ihn wiederzusehen. Ich möchte mit ihm sprechen. Er hat [ja] eine kleine Bäckerei wie ich, und ich möchte wissen, ob auch er Probleme mit den Jugendlichen hat. Schlagen Sie ihm doch vor, am Sonntag bei mir vorbeizukommen. – Hören Sie diesen Lärm? Jetzt sind sie dabei, mit Colabüchsen Fußball zu spielen. Ich kann nicht mehr!

4. L'emploi des temps

Mettez le texte au passé. Imparfait, passé composé ou plus-que-parfait?

Ce samedi-là, Pascal Aubert et sa sœur Laurence *(se trouver)* dans le hall de la gare de l'Est, parce qu'ils *(vouloir)* passer le week-end à Reims, chez leurs grands-parents. Françoise, leur cousine, *(devoir)* partir avec eux, mais elle *(ne pas encore arriver)*. Comme, un quart d'heure avant le départ, elle n'*(être)* toujours pas là, Pascal *(aller)* prendre les billets. Puis, avec sa sœur, il *(aller)* sur le quai. La jeune fille *(être)* très inquiète. Pascal, lui, ne l'*(être)* pas. Françoise *(devoir)* manquer son bus, comme toujours. Pendant qu'ils *(attendre)* le train, Pascal et Laurence *(regarder)* s'ils *(avoir)* la recette pour leur grand-mère. Tout à coup, ils *(voir)* arriver Françoise. Mais elle *(monter)* dans le rapide de Strasbourg. Et le rapide *(partir)*! Quand ils *(voir)* cela, ils *(monter)* dans l'express de Reims où ils *(trouver)* un compartiment avec deux places libres.

1

Vocabulaire

Pour faire les exercices du livre

Hier sind die wichtigsten Anweisungen aus den Übungen dieses Buches zusammengestellt.

Reparlons du texte.	Sprechen wir noch einmal über den Text.
Relisez la première partie du texte.	Lest den ersten Teil des Textes noch einmal.
Reliez les phrases par ...	Verbindet die Sätze durch ...
Employez l'expression qui convient.	Verwendet den passenden Ausdruck.
Trouvez, pour chaque expression, une situation où on peut l'employer.	Findet für jeden Ausdruck eine Situation, in der man ihn anwenden kann.
Faites très attention aux informations qui sont importantes pour ...	Achtet sehr genau auf die Informationen, die für ... wichtig sind.
Prenez des notes.	Macht euch Notizen.
Trouvez un titre pour chaque paragraphe.	Findet für jeden Abschnitt eine Überschrift.
Résumez le texte.	Faßt den Text (kurz) zusammen.
Accordez les verbes.	Gleicht die Verben an.
Dites si c'est juste ou faux.	Sagt, ob es richtig oder falsch ist.
Notez ...	Notiert ...
Traduisez en français/en allemand.	Übersetzt ins Französische/ins Deutsche.
Commentez le tableau.	Sprecht über die Aufstellung.
Comparez ...	Vergleicht ...
les verbes entre parenthèses	die Verben, die in Klammern stehen
les verbes en italique	die kursiv gedruckten Verben
Formez deux groupes.	Bildet zwei Gruppen.
Faites le contraire.	Verfahrt genau umgekehrt.
Imaginez ...	Stellt euch vor ...
Regardez dans un dictionnaire allemand-français.	Schlagt in einem deutsch-französischen Wörterbuch nach.
Décrivez ...	Beschreibt ...
Employez les éléments que voici.	Verwendet die folgenden Elemente.
Cherchez des arguments pour et contre ...	Sucht Argumente für und gegen ...
Faites de même.	Macht es ebenso./Verfahrt gleichermaßen.

Pour comprendre les définitions du vocabulaire

une définition [definisjõ]	eine Definition
un sentiment [sɑ̃timɑ̃]	ein Gefühl
une sorte [sɔrt]	eine Art
une action [aksjõ]	eine Handlung/Tätigkeit/ein Vorgang

Explications des signes et des abréviations *(f)*		Erklärung der Zeichen und der Abkürzungen
→	Comparez avec ...	Vergleicht mit ...
≠	le contraire de	das Gegenteil von
fam	familier	umgangssprachlich *(ugs)*
adv	adverbe	Adverb
adj	adjectif	Adjektiv
f	féminin	feminin
m	masculin	maskulin
plur	pluriel	Plural
p. ex.	par exemple	zum Beispiel

Die mit ° gekennzeichneten Wörter und Wendungen zählen zum rezeptiven Wortschatz. Sie werden in den folgenden Lektionen nicht als bekannt vorausgesetzt.
Stücke in Winkelklammern ‹ › sind fakultativ. Die darin vorkommenden Wörter werden in nachfolgenden Lektionen ebenfalls nicht als bekannt vorausgesetzt.

Leçon 1

Paris n'est pas la France.

la Bretagne	[brətaɲ]	die Bretagne	**la côte d'Azur**	[kotdazyr]	die Côte d'Azur
l'Alsace *(f)*	[lalzas]	das Elsaß	**l'Auvergne** *(f)*	[lovɛrɲ]	die Auvergne
la Provence	[prɔvɑ̃s]	die Provence			

Villes

Montréal	[mɔ̃real]	**Avignon**	[aviɲɔ̃]	**Aix-en-Provence**	[ɛksɑ̃prɔvɑ̃s]
Ploumanach	[plumanak]	**Valence**	[valɑ̃s]	**Orange**	[ɔrɑ̃ʒ]

Girod [ʒiro]	un nom de famille	Girod
Bernard	un prénom de garçon	Bernhard
Janine	un prénom de fille	Janine
Christian [kristjɑ̃]	un prénom de garçon	Christian
Clavel [klavɛl]	un nom de famille	Clavel
se coucher	aller au lit	sich schlafen legen/zu Bett gehen
minuit *(m)*	0 heure/24 heures	Mitternacht/12 Uhr nachts
se lever	*je me lève, nous nous levons, ils se lèvent;* ≠ se coucher	aufstehen
Viviane [vivjan]	un prénom de fille	Viviane
chouette! [ʃwɛt] *(fam)*	formidable!/*Chouette!* Les vacances commencent demain.	prima!/toll! Klasse! *(ugs)*
un mois [mwa]	Juillet est *un mois.*	ein Monat
août *(m)* [u(t)]	1. le mois qui vient après juillet	der (Monat) August
	2. M. Moulin prend toujours ses vacances *en août/au mois d'août.*	im (Monat) August
une semaine [s(ə)mɛn]	Dans *une semaine,* il y a sept jours.	eine Woche
s'amuser	Luc travaille tout le temps; il ne *s'amuse* jamais.	sich amüsieren/sich gut unterhalten

Le problème, c'est que ...	Je voudrais aller au cinéma. *Le problème, c'est que* je n'ai pas fait mes devoirs.	Das Problem ist, daß ...
s'occuper de qn/qc	Michèle *s'occupe* bien *de* son petit frère.	sich um jdn./etw. kümmern
On est bien assez grands pour ...	Ecoute, Christian: *on est bien assez grands pour* prendre le métro.	Wir sind doch groß genug, um ...
la province [prɔvɛ̃s]	En France, il y a Paris, bien sûr, mais il y a aussi *la province.*	die Provinz
un pêcheur, une pêcheuse	1. L'oncle de Bernard est *pêcheur:* il travaille sur un bateau.	ein(e) Fischer(in)
	2. Le père de Véronique est *pêcheur:* il passe tous ses dimanches au bord de l'eau.	ein(e) Angler(in)
°**breton, bretonne**		°bretonisch
la côte [kot]	le bord de la mer	die Küste
le Gard [gar]	Tu as déjà vu *le Gard?*	der Gard *(frz. Fluß)*
le Pont du Gard	Nous sommes allés voir *le Pont du Gard.*	der Pont du Gard *(römischer Aquädukt)*
°**une chaîne** [ʃɛn]		°eine Bergkette
°**un dôme** [dom]		°eine Bergkuppe
la chaîne des Dômes	*La chaîne des Dômes* se trouve en Auvergne.	die „chaîne des Dômes" *(Bergkette in der Auvergne)*
la Loire [lwar]	Tu as déjà visité les châteaux de *la Loire?*	die Loire *(frz. Fluß)*
le château de Chambord [ʃɑ̃bɔr]	un des châteaux de la Loire	das Schloß Chambord
en Bretagne	1. Mon copain français habite *en Bretagne.*	in der Bretagne
	2. En août, je vais aller *en Bretagne.*	in die Bretagne
la tante	La sœur de mon père ou de ma mère, c'est *ma tante.*	die Tante
qui	J'ai une cousine *qui* habite en France.	der/die/das *(als Relativpronomen: Subjekt)*
se trouver	Avignon *se trouve* en Provence.	sich befinden
la mer [mɛr]	Cannes se trouve au bord de *la mer.*	das Meer/die See
là-bas	En juillet, Jacques va aller en Bretagne. Il va passer quinze jours *là-bas.*	dort
s'ennuyer [sɑ̃nɥije]	*je m'ennuie, nous nous ennuyons, ils s'ennuient;* ≠ s'amuser	sich langweilen
partir en mer	partir en bateau pour aller sur la mer	aufs Meer hinausfahren
se baigner [səbɛɲe]	être dans l'eau (p.ex. dans la mer) et prendre un bain	baden *(im Meer, im Fluß usw.)*
Tu parles! *(fam)*	– Je vais m'acheter une raquette de tennis. – *Tu parles!* Tu n'as pas d'argent!	So siehst du aus!/Hör bloß auf! *(ugs)*

savoir faire qc	Bruno sait comment on fait les crêpes: il *sait faire* les crêpes.	können *(wissen, wie es geht)*
nager	– Tu ne te baignes pas? – Non, je ne sais pas *nager.*	schwimmen
° **un Canadien** [kanadjɛ̃], **une Canadienne** [kanadjɛn]		° ein Kanadier/ eine Kanadierin
la pêche	1. le nom du métier des pêcheurs 2. *aller à la pêche:* Le père de Véronique *va à la pêche* tous les dimanches.	die Fischerei fischen/angeln gehen
un village [vilaʒ]	Ça? Ce n'est pas une ville, c'est *un village:* il y a très peu de maisons.	ein Dorf
les Vosges *(f)* [voʒ]	Ce village se trouve dans *les Vosges.*	die Vogesen
une montagne	1. Les Vosges sont *des montagnes.* 2. Qu'est-ce que tu préfères: *la montagne* ou la mer?	ein Berg das Gebirge
se promener	*je me promène, nous nous promenons, ils se promènent;* faire une promenade	spazierengehen
sûr,e	Je sais que l'Alsace va te plaire: je suis *sûr(e)* qu'elle va te plaire.	sicher
Il s'appelle comment, déjà?	Quel est son nom? Je ne sais plus.	Wie heißt er nochmal?
se rendre à	aller à	sich nach … begeben/fahren
les affaires *(f)*	1. *Faire des affaires,* c'est vendre et acheter des choses. 2. Je dois aller à Valence *pour affaires:* pour faire des affaires.	Geschäfte machen geschäftlich/aus Geschäftsgründen
prendre qn dans sa voiture	Nous sommes allés à Valence avec Christian: *il nous a pris dans sa voiture.*	jdn. im Auto mitnehmen
° **une réduction** [redyksjõ]		° eine Ermäßigung
° **un monument** [mɔnymɑ̃]		° ein Denkmal
° **romain** [rɔmɛ̃], **romaine** [rɔmɛn]		° römisch
que	Tu me montres le livre *que* tu as acheté?	den/die/das *(als Relativpronomen: Objekt)*
visiter qc	Quand *on visite* un musée, on y entre et on regarde les choses qui y sont.	etw. besichtigen/ besuchen
s'intéresser à qc/qn	Viviane *s'intéresse* aux monuments romains.	sich für etw./jdn. interessieren
un pays [pei]	La France et l'Allemagne sont *des pays.*	ein Land
être d'accord pour qc/pour faire qc	Bernard *est d'accord pour* la Provence/*pour aller* en Provence.	mit etw. einverstanden sein/damit einverstanden sein, etw. zu tun
sur la côte d'Azur	1. Nice se trouve *sur la côte d'Azur.* 2. En août, je vais aller *sur la côte d'Azur.*	an der Côte d'Azur an die Côte d'Azur

C'est bien beau tout ça, mais ...	Des vacances en Provence? *C'est bien beau tout ça,* mais comment est-ce que tu vas les payer?	Das ist ja alles schön und gut, aber ...
coucher	dormir/passer la nuit	schlafen/übernachten
la jeunesse	1. les jeunes 2. le temps où on est jeune	die Jugend die Jugendzeit
une auberge de jeunesse [obɛrʒ]	J'ai couché à *l'auberge de jeunesse;* à l'hôtel, c'est trop cher.	eine Jugendherberge
Pas de problème!	Pour aller à Valence? *Pas de problème!* Christian va nous prendre dans sa voiture.	Kein Problem!
septembre *(m)* [sɛptɑ̃mbr]	le mois qui vient après août	September
une région [reʒjõ]	La France est un pays, l'Auvergne est *une région.*	eine Region/eine Gegend
où	1. Voilà la région *où* j'habite. 2. Voilà la région *où* je suis allé(e) pendant les vacances.	wo/wohin *(als Relativpronomen)*
la nature [natyr]	Viviane et François aiment bien se promener dans *la nature.*	die Natur
même	M. Martin travaille tous les jours, *même* le dimanche.	sogar
sympa [sɛ̃pa] *(fam)*	Martine est une fille très *sympa,* et ses parents sont très *sympa* aussi.	sympathisch *(ugs)*
Allez!	*Allez,* on part!	Auf!/Los!/Komm!

Exercices

2	**Colmar**	une ville qui se trouve en Alsace	Colmar
	F.U.A.J. [ɛfyaʒi]	la Fédération unie des auberges de jeunesse	*frz. Jugendherbergsorganisation*
3	**Brest** [brɛst]	une ville qui se trouve en Bretagne	Brest
	un sandwich [sɑ̃dwitʃ]	un morceau de pain qu'on a ouvert, où on a mis du jambon, p.ex., et qu'on a refermé	ein Sandwich
	se mettre au lit	se coucher	sich ins Bett legen
4	**Paul** [pɔl]	un prénom de garçon	Paul
5	**Cassis** [kasis] **Menton** [mɑ̃tõ]	deux villes qui se trouvent sur la côte d'Azur	Cassis Menton
	Eh ben! [ebɛ̃] *(fam)*	– Elle est d'où, Viviane? – *Eh ben!* de Montréal, tu sais bien!	Nun, ... *(ugs)*
	C'est bien ça?	Bernard habite Paris. *C'est bien ça?*	So ist es doch?
	Arles [arl]	une ville qui se trouve en Provence	Arles
	regarder par la fenêtre	– On a sonné. Qui est-ce? – *Regarde par la fenêtre.*	aus dem Fenster schauen
7	**une cathédrale** [katedral]	Notre-Dame de Paris est *une cathédrale.*	eine Kathedrale
8	**Marie-Pierre**	un prénom de fille	Marie-Pierre
	intéresser qn	Les monuments romains, ça ne *m'intéresse* pas.	jdn. interessieren
	gros [gro], **grosse** [gros]	1. Cet homme pèse 120 kilos: il est *gros.* 2. une *grosse* voiture: une grande voiture	dick groß

une bise [biz]	1. Tu me fais *la bise?:* Tu m'embrasses? 2. Grosses *bises:* dans une lettre	ein Kuß viele Küsse! *(am Briefende)*
9 **une situation** [sitɥasjõ]		eine Situation
Bonnes vacances!	Quand qn part en vacances, on lui dit: *«Bonnes vacances!»*	Schöne Ferien!
danser	→ la danse	tanzen

Au téléphone

● *Quand on téléphone aux renseignements*

– **Allô! les renseignements, j'écoute.**	– Hier ist die Auskunft.
– **Je voudrais le numéro de M. Jacques Martin, de Grenoble, s'il vous plaît.**	– Ich möchte bitte die Nummer von Herrn Jacques Martin in Grenoble.
– **Un instant, s'il vous plaît. ... M. Martin, 12, place de la Poste?**	– Einen Augenblick bitte. ... Herr Martin, place de la Poste 12?
– **Oui, c'est ça.**	– Ja.
– **Alors, c'est le 52.09.24.**	– Die Nummer ist 52 09 24.
– **Quel est l'indicatif?**	– Welches ist die Vorwahl?
– **76.**	– 76.
– **Merci, mademoiselle.**	– Danke.

● *A la poste*

– **Je voudrais le 61.11.69 à Stuttgart, s'il vous plaît.**	– Ich möchte die Nummer 61 11 69 in Stuttgart, bitte.
– **Stuttgart, cabine n° 3.**	– Stuttgart, Kabine Nr. 3.
– **Merci.**	– Danke.
– **C'est occupé./Ça ne répond pas.**	– Die Leitung ist besetzt./Es meldet sich niemand.

● *Chez des amis français*

– **Est-ce que je peux passer un coup de téléphone, s'il vous plaît?**	– Kann ich bitte telefonieren?
– **Bien sûr!**	– Natürlich!
– **Allô! qui est à l'appareil? ...**	– Hallo! Wer ist da bitte? ...
Oh! excusez-moi, je n'ai pas fait le bon numéro ...	Oh, Entschuldigung! Ich habe mich verwählt ...
Dis, Jacqueline, tu peux me passer le Bottin, s'il te plaît?	Jacqueline, gibst du mir bitte das Telefonbuch?
Je voudrais regarder le numéro de Monique.	Ich möchte die Nummer von Monique nachschlagen.

● *Quand on téléphone à une entreprise (eine Firma)*

– **Allô! c'est bien la maison Robin?**	– Hallo! Ist dort die Firma Robin?
– **Oui. A qui voulez-vous parler?**	– Ja. Wen wollen Sie sprechen?
– **Est-ce que vous pourriez me passer M. Petit, s'il vous plaît?**	– Könnten Sie mich bitte mit Herrn Petit verbinden?
– **Ne quittez pas. Je vous le passe.**	– Bleiben Sie am Apparat. Ich verbinde.

● *Quand on téléphone de France en Allemagne*

On fait le 19, puis on attend la tonalité.	Man wählt die 19, und dann wartet man auf den Amtston.
Ensuite, on fait l'indicatif de l'Allemagne, et après, l'indicatif de la ville sans le zéro.	Danach wählt man die Vorwahl von Deutschland und dann die Vorwahl der Stadt ohne die Null.
Enfin, on fait le numéro de son correspondant.	Schließlich wählt man die Nummer des Teilnehmers.

Leçon 2

A Tout est complet.

complet [kõplɛ], **complète** [kõplɛt]	Il n'y a plus de place à l'auberge de jeunesse: c'est *complet.*	voll/besetzt
des jeunes gens *(m)* [ʒɑ̃]	Un jeune homme et une jeune fille sont *des jeunes gens.*	junge Leute
rien ne ...	Bernard, *rien ne* l'intéresse!	nichts *(als Subjekt)*
seul,e	1. Le bus est complet: il n'y a plus une *seule* place.	einzig
	2. Annick n'a pas une seule copine: elle aime être *seule.*	allein
un kilomètre (1 km)	Tu as fait 10 *km* à pied? Eh bien!	ein Kilometer
à 2 km de ...	Entre l'auberge de jeunesse et le centre-ville, il y a 2 km: l'auberge est *à 2 km du* centre-ville.	2 km entfernt von ...
la Côte *(fam)*	On dit «la côte d'Azur» ou *«la Côte».*	die Côte d'Azur *(ugs)*
une plage	un terrain, au bord de l'eau, où on va quand on veut se baigner	ein Strand
sur la plage	*Sur les plages* de la côte d'Azur, il y a beaucoup de monde en août.	am Strand
à la plage	– On va *à la plage?* – D'accord.	zum Strand
c'est interdit [ɛ̃tɛrdi]	Dans un bus, il ne faut pas parler au chauffeur: *c'est interdit.*	es ist verboten
Et alors?	Ça ne fait rien.	Na und?
un gendarme [ʒɑ̃darm]	Dans les grandes villes, il y a la police; dans les petites villes et les villages, il y a *les gendarmes.*	ein Gendarm
On n'a pas le choix. [ʃwa]	A l'hôtel, c'est trop cher; à l'auberge, c'est complet. *On n'a pas le choix:* il nous faut coucher sur la plage.	Wir haben keine Wahl.
personne ne ...	*Personne ne* dort: pas une seule personne ne dort.	niemand *(als Subjekt)*
être assis [asi], **assise** [asiz]	Viviane et Janine sont à table: elles *sont assises.*	sitzen
°**un passant** [pasɑ̃], **une passante** [pasɑ̃t]	qn qui passe	°ein(e) Passant(in)/ ein(e) Vorübergehende(r)
prendre son temps	Pour faire du bon travail, il faut *prendre son temps.*	sich Zeit nehmen/ lassen
marcher	aller à pied	gehen/laufen
se presser	≠ prendre son temps	sich beeilen

	Les passants marchent sans se presser.	Les passants marchent et ils ne se pressent pas.	Die Passanten laufen, ohne sich zu beeilen.
	s'arrêter [sarɛte]	ne pas continuer à marcher	(an)halten/stehenbleiben
	un joueur, une joueuse de guitare	qn qui joue de la guitare	ein(e) Gitarrenspieler(in)

Exercices

1	**faire un tour en ville**	faire une petite promenade en ville	einen kleinen Spaziergang in der Stadt machen
2	**beaucoup de choses**	Caroline fait *beaucoup de choses* pendant son temps libre.	viel/vieles
	comme ça	– Comment est-ce qu'il faut faire? – *Comme ça.*	so *(auf eine bestimmte Weise)*
	parfait,e [parfɛ, parfɛt]	Personne n'est *parfait.*	perfekt/vollkommen
	les fruits de mer *(m)*	J'aime bien *les fruits de mer.* Et toi?	die Meeresfrüchte
	le bar [bar]	Il y a beaucoup de clients *au bar.*	die Bar/Theke
3	**l'autre jour**	par exemple: la semaine dernière	neulich
	° **une calanque** [kalɑ̃k]		° eine kleine Bucht *(am Mittelmeer)*
	à un moment	*A un moment,* je n'ai pas fait attention, et ... je me suis retrouvé(e) dans l'eau.	in einem bestimmten Augenblick
	paf!	Et *paf!* il est tombé par terre.	paff!
	se mettre à l'eau	entrer dans l'eau pour nager	ins Wasser steigen
	ramener qn au bord	*je ramène, nous ramenons, ils ramènent; j'ai ramené* Il ne sait pas nager: il faut le *ramener au bord.*	jdn. ans Ufer zurückbringen
	Quelle histoire!	Pendant la promenade, notre bateau s'est retourné: *quelle histoire!*	Was für eine Geschichte/Aufregung!

B Une mauvaise surprise

mauvais,e	≠ bon, bonne	schlecht
une surprise [syrpriz]	Ah bon? Nos cousins vont venir en France? Quelle bonne *surprise!*	eine Überraschung
une mauvaise surprise	≠ une bonne surprise	eine böse Überraschung
le lendemain [lɑ̃dmɛ̃]	– Monique arrive le 15? – Non, elle arrive *le lendemain,* le 16.	am folgenden/nächsten Tag
le lendemain matin	le matin du lendemain	am folgenden/nächsten Morgen
ne ... personne	Il *n'*y a *personne:* il n'y a pas une seule personne.	niemand *(als Objekt)*
être debout [dəbu]	Il est seulement 6 heures, mais Viviane *est* déjà *debout.*	stehen/auf sein
° **C'est Viviane qui s'est levée la première.**	Viviane s'est levée, et les autres se sont levés après elle.	° Viviane *(betont)* ist als erste aufgestanden.

	° **C'est Bernard que je cherche.**	Je ne cherche pas François, mais Bernard.	° Bernard *(betont)* suche ich.
	réveiller qn	– Bernard dort encore? – Non, je *l'ai réveillé.*	jdn. wecken
	un bon bain	J'ai chaud: je vais prendre *un bon bain.*	ein schönes/ erfrischendes Bad
	Ça fait du bien!	Une bonne douche, le matin, *ça fait du bien!*	Das tut gut!
	agréable	Se baigner, le matin, c'est *agréable:* ça fait du bien.	angenehm
	un mètre (1 m)	L'auberge de jeunesse se trouve à 400 *m* d'ici.	ein Meter
	se doucher	prendre une douche	duschen
	un endroit	Nous avons dormi ici, à *cet endroit.*	der Ort/die Stelle
	un jean [dʒin]	Beaucoup de jeunes gens portent *des jeans.*	Jeans
	les papiers *(m)*	*«Vos papiers,* s'il vous plaît», a dit le gendarme.	die Papiere
	Qu'est-ce que tu en sais?	Comment le sais-tu?/Tu ne peux pas le savoir!	Woher willst du das wissen?
	la gendarmerie [ʒɑ̃darməri]	le bâtiment où les gendarmes habitent et travaillent	*Arbeits- und Wohnstelle der Gendarmen*
	On est/Nous sommes le 2.	– On est le combien, aujourd'hui? – *On est/Nous sommes le 2.*	Wir haben den 2.
	° **faire bonne pêche**		° einen guten Fang machen
	un tee-shirt, des tee-shirts [tiʃœrt]	Où est-ce que tu l'as acheté, ton tee-shirt?	ein T-Shirt, T-Shirts
	nettoyer qc [nɛtwaje]	*je nettoie, nous nettoyons, ils nettoient; j'ai nettoyé* Il faut *nettoyer* la plage tous les matins.	etw. reinigen/ saubermachen
	oublier qc	– Et ton tee-shirt? – Zut! je l'*ai oublié* sur la plage.	etw. vergessen/ liegenlassen

Exercices

1	**se réveiller**	Quand on réveille qn, il *se réveille.*	aufwachen
	pendant le moment où ...	Pierre est passé chez toi *pendant le moment où* tu es allé(e) à la M.J.C.	während der Zeit, als ...
	entre nous	*Entre nous,* je ne le trouve pas sympathique, ton copain.	unter uns gesagt
4	**janvier, février, mars** [mars], **avril, novembre, décembre**		Januar, Februar März, April November, Dezember
6	° **un pique-nique**		° ein Picknick
	° **boire à la bouteille**		° aus der Flasche trinken
	° **une boîte**		° *hier:* eine Dose
8	**garer sa voiture**	mettre sa voiture au parking, p.ex.	sein Auto parken
	° **un vol** [vɔl]		° ein Diebstahl
	° **une déclaration de vol**		° eine Diebstahlanzeige
	une date	Le professeur a écrit *la date* au tableau.	ein Datum
	° **une naissance** [nɛsɑ̃s]		° eine Geburt
	° **une date de naissance**		° ein Geburtsdatum
	° **un lieu de naissance**		° ein Geburtsort

Le pluriel des noms: particularités (Besonderheiten)

un plateau
des plateau**x**
un cadeau
des cadeau**x**
un gâteau
des gâteau**x**
un morceau
des morceau**x**
un château
des château**x**
un bureau
des bureau**x**

un cheveu
des cheveu**x**

un journ**al**
des journ**aux**
un anim**al**
des anim**aux**

un trav**ail**
des trav**aux**

un repa**s** / des repa**s** [rəpa]
un fil**s** / des fil**s** [fis]
un anana**s** / des anana**s** [anana(s)]
un cour**s** / des cour**s** [kur]
un bu**s** / des bu**s** [bys]
un pri**x** / des pri**x** [pri]

monsieur [məsjø]
messieurs [mesjø]
madame
mesdames
mademoiselle
mesdemoiselles
messieurs dames

un œil [ɛ̃nœj]
des **yeux** [dezjø]
un œuf [ɛ̃nœf]
des **œufs** [dezø]

un terrain de camping
des terrain**s** de camping
une pomme de terre
des pomme**s** de terre
un centre de rencontre
des centre**s** de rencontre
un coup de téléphone
des coup**s** de téléphone
une auberge de jeunesse
des auberge**s** de jeunesse
un joueur de guitare
des joueur**s** de guitare
un fruit de mer
des fruit**s** de mer
un thé au citron
des thé**s** au citron

une salle de bains
des salle**s** de bains
un magasin de chaussures
des magasin**s** de chaussures
un cours de langues
des cour**s** de langues
un jus de fruits
des ju**s** de fruits

un appareil photo
des appareil**s** photo
un centre-ville
des centre**s**-ville
un club cinéma
des club**s** cinéma

un hôtel-restaurant
des hôtel**s**-restaurant**s**
une grand-mère
des grand**s**-mère**s**
un grand-père
des grand**s**-père**s**
un café-restaurant
des café**s**-restaurant**s**

un après-midi
des après-midi
un rendez-vous
des rendez-vous
un aller-retour
des aller-retour

Leçon 3

A Je roule pour vous.

Pays

l'Europe *(f)*	[lørɔp]	Europa	**le Danemark**	[danmark]	Dänemark
la Suisse	[sɥis]	die Schweiz	**l'Espagne** *(f)*	[ɛspaɲ]	Spanien
la Belgique	[bɛlʒik]	Belgien	**le Portugal**	[pɔrtygal]	Portugal
les Pays-Bas *(m)*	[peiba]	die Niederlande	**l'Italie** *(f)*	[litali]	Italien

Villes

Montélimar	[mõtelimar]	**Florence**	[flɔrɑ̃s]
Le Havre	[ləavr]		

pour vous	Je roule *pour vous.*	für Sie/für euch
national,e [nasjɔnal] *(plur:* nationaux, nationales)		national
une (route) nationale	Tu as pris l'autoroute ou *la nationale?*	eine Bundesstraße
la Nationale 7	une route qui va de Lyon à Menton	die Bundesstraße 7
un routier [rutje]	un homme qui, dans son métier, est toujours sur la route	ein Fernfahrer
un «Routier»	un restaurant où les routiers mangent	*Abkürzung für «un restaurant de routiers»*
Belfont [bɛlfõ]	un nom de famille	Belfont
un camion	une très grande camionnette	ein Lastwagen
un chauffeur de camion	Yves Belfont est *chauffeur de camion.*	ein Lastwagen-fahrer
la vie	*La vie* de routier est souvent peu agréable.	das Leben
drôle [drol]	1. Nous nous sommes bien amusés: l'oncle André nous a raconté des histoires *drôles.*	lustig/amüsant
	2. une *drôle d'*histoire: une histoire curieuse	seltsam/komisch
le soleil [sɔlɛj]	Quand il fait beau, il y a *du soleil* et on a chaud.	die Sonne
Il fait soleil.	Il y a du soleil.	Es ist sonnig.
le brouillard	Quel *brouillard!* On ne voit rien.	der Nebel
Il y a du brouillard.	Quand *il y a du brouillard,* on ne peut pas rouler vite.	Es ist neblig.
le verglas [vɛʀgla]	Il fait très froid, ce matin. Attention *au verglas,* sur la route!	das Glatteis
Il y a du verglas.	*Il y a du verglas,* sur le trottoir; deux vieilles dames sont tombées.	Es ist Glatteis.
choisir [ʃwazir]	*je choisis, nous choisissons, ils choisissent; j'ai choisi* → le choix	wählen/aussuchen
Je fais tous les pays d'Europe.	Je vais dans tous les pays d'Europe.	Ich fahre durch alle Länder Europas.
Là, on vient du Portugal/ d'Espagne/ de Belgique/ d'Italie.		Jetzt kommen wir aus (von) Portugal/ Spanien/ Belgien/ Italien.
au Havre	1. Demain, je vais *au Havre.*	nach Le Havre
	2. M. Poulin habite *au Havre.*	in Le Havre
une machine [maʃin]	Dans une usine, les ouvriers travaillent avec des *machines.*	eine Maschine
anglais,e	Mme Guyon aime bien les vieux meubles *anglais.*	englisch
° **livrer**		° liefern
On est allés au Portugal/ en Italie/ aux Pays-Bas.		Wir sind nach Portugal/ nach Italien/ nach den Nieder-landen gefahren.
charger qc	mettre qc dans un camion, une voiture, un train, etc.	etw. laden/beladen
Jeannot [ʒano]	Il s'appelle Jean, mais on l'appelle *«Jeannot».*	*Kosename für «Jean»*

Exercices

3 **plusieurs** [plyzjœr]	– Tu as une seule cassette? – Non, j'en ai *plusieurs*.	mehrere
Diane [djan] **Patricia** [patrisja]	des prénoms de filles	Diana Patricia

B Rien à déclarer?

déclarer qc	dire au douanier qu'on a qc: p.ex., du cognac, du café, etc.	etw. verzollen
Rien à déclarer?	Vous n'avez *rien à déclarer?*	(Haben Sie) nichts zu verzollen?
Bonne route!	Quand qn part en voyage en voiture, on lui dit: *«Bonne route!»*	Gute Fahrt!
Cathala [katala]	un nom de famille	Cathala
laisser	– Tu ne prends pas ton pull? – Non, je le *laisse* ici.	lassen
l'Andorre *(f)* [lɑ̃dɔr]	un très petit pays qui se trouve entre l'Espagne et la France	Andorra
Il a laissé derrière lui la frontière entre l'Andorre et la France.		Er hat die Grenze zwischen Andorra und Frankreich hinter sich gelassen.
vers [vɛr]	Ce train roule *vers* Paris: il va à Paris.	nach/in Richtung auf
Cette route descend vers Toulouse.		Diese Straße führt nach Toulouse hinunter.
La nuit tombe.	Le noir de la nuit vient.	Die Nacht bricht herein.
le temps	Il fait beau: *le temps* est beau.	das Wetter
Il fait mauvais temps.	Le temps est mauvais.	Es ist schlechtes Wetter.
faire de l'auto-stop *(m)* [lotostɔp]	J'ai manqué mon train; *je fais de l'auto-stop.*	per Anhalter reisen
ralentir	*je ralentis, nous ralentissons, ils ralentissent; j'ai ralenti* Tu roules trop vite! Il faut *ralentir.*	langsamer fahren
Foix [fwa]	une ville qui se trouve près de Toulouse	Foix
C'est sur votre route?	M. Cathala va à Toulouse, et il passe par Foix: Foix est *sur sa route.*	Liegt das auf Ihrer Strecke?
neiger	Les rues sont blanches: *il a neigé* cette nuit.	schneien
un virage	un endroit où la route va tout à coup à droite ou à gauche	eine Kurve
° **volant,e**		° fliegend
° **la douane volante**		° *Zollbeamte, die auch nach der Grenze Kontrollen durchführen*

un signe [siɲ]	Pour dire bonjour à qn, on peut lui parler ou seulement lui faire *un signe*, avec la main.	ein Zeichen
faire signe à qn de faire qc	dire à qn, avec la main, de faire qc	jdm. Zeichen geben, etwas zu tun
la chance [ʃɑ̃s]	Tu pars demain en vacances? *Quelle chance!*	das Glück
avoir de la chance	M. Cathala *a eu de la chance:* les douaniers ne l'ont pas contrôlé.	Glück haben
Avec eux, on ne sait jamais.		Bei ihnen kann man nie wissen.
pas mal de choses	plusieurs choses/beaucoup de choses	ziemlich viele Sachen
° **la beauté**		° die Schönheit
° **un produit de beauté**		° ein Kosmetikum
° **un parfum** [parfɛ̃]		° ein Parfüm
pour elles	Mes filles? Eh bien, *pour elles,* j'ai pris du parfum.	für sie *(f)*
une cigarette [sigarɛt]	Pour acheter *des cigarettes,* on va dans un bureau de tabac.	eine Zigarette
fumer	– Tu veux une cigarette? – Non, merci. *Je ne fume pas.*	rauchen
Il faut voir ça!		Das muß man sich mal angucken!
par jour	Il fume tous les jours deux paquets de cigarettes: il fume deux paquets *par jour.*	pro Tag
Moi, je ne fume pas, mais lui, il fume deux paquets par jour.		Ich *(betont)* rauche nicht, aber er *(betont)* raucht zwei Päckchen pro Tag.
enfin	D'abord, je suis allée chez Claudine, ensuite chez Nicole, *enfin* chez Sylvie.	schließlich/zum Schluß/endlich
tout cela	Les produits de beauté, le parfum, les cigarettes: *tout cela* est bon marché, en Andorre.	all das
Ax-les-Thermes [aksletɛrm]	une ville qui se trouve près de Toulouse	Ax-les-Thermes
une station-service, des stations-service	Au bord d'une autoroute, il y a *des stations-service.*	eine Tankstelle, Tankstellen
plein [plɛ̃], **pleine** [plɛn]	Tu ne bois pas ton coca? Ton verre est encore *plein.*	voll
faire le plein	A Montélimar, nous nous sommes arrêtés dans une station-service pour *faire le plein.*	volltanken
reprendre sa route	se remettre en route	weiterfahren/sich wieder auf den Weg machen
un inspecteur, une inspectrice des douanes	un inspecteur/une inspectrice du service des douanes	ein Zollinspektor/eine Zollinspek-torin

surpris [syrpri], **surprise**	→ une surprise	überrascht
Je n'ai pas acheté grand-chose.	J'ai acheté peu de choses.	Ich habe nicht viel gekauft.
quelques [kɛlk(ə)]	Je n'ai pas acheté beaucoup de cadeaux: j'ai acheté juste *quelques* cadeaux.	ein paar/einige
la colère		der Zorn/die Wut
être en colère	Pierre *est en colère:* dans le train, on lui a volé son sac de voyage.	zornig/wütend sein
doubler une voiture	rouler d'abord à côté, puis devant elle	ein Auto überholen
se calmer	→ calme; Pierre n'est plus en colère: il *s'est calmé.*	sich beruhigen
Calmez-vous!	Quand qn est en colère, on lui dit: *«Calmez-vous!»*	Beruhigen Sie sich!
finir qc	*je finis, nous finissons, ils finissent; j'ai fini* ≠ commencer qc	etw. beenden
On n'en parle plus.	C'est fini./Cette affaire est finie.	Wir sprechen nicht mehr darüber.
continuer sa route	continuer à rouler vers l'endroit où on va	weiterfahren/seinen Weg fortsetzen
ou bien	Tu restes ici, *ou bien* tu pars avec moi. Il faut choisir!	oder (aber)
réfléchir	*je réfléchis, nous réfléchissons, ils réfléchissent* *J'ai réfléchi:* je ne pars pas.	nachdenken/überlegen
longtemps [lõtɑ̃]	pendant un long moment	lange/lange Zeit
le vent	– On fait du bateau? – Non, pas aujourd'hui, il y a trop de *vent.*	der Wind
Il fait du vent.	Il y a du vent.	Es ist windig.
une radio	Est-ce que tu as *une radio* dans ta voiture?	ein Radio
mettre la radio	*J'ai mis la radio:* maintenant, elle marche et je l'écoute.	das Radio einschalten
un programme	Les gens ne sont pas contents des *programmes* de la télé.	ein Programm
° **se faire passer pour**		° sich ausgeben als
un,e automobiliste	qn qui roule en voiture	ein(e) Autofahrer(in)
ces derniers jours	Il a fait très beau, *ces derniers jours.*	in den letzten Tagen

Exercices

3 **Georges Brassens** [brasɛ̃s]	J'aime bien les disques de *Brassens.* Et toi?	*frz. Liedermacher (1921–1981)*
4 **Quel temps fait-il?**	Est-ce qu'il fait beau, ou bien est-ce qu'il fait mauvais temps?	Wie ist das Wetter?
Rouen [rwɑ̃]	des villes de France	Rouen
Toulon [tulõ]	des villes de France	Toulon
Grenoble [grənɔbl]	des villes de France	Grenoble
un orage	Il fait presque noir, il pleut beaucoup, il y a du vent: il y a de *l'orage.*	ein Gewitter
Il fait de l'orage.	Il y a de l'orage.	Wir haben ein Gewitter.
0° = zéro degré *(m)* [zerodəgre]		null Grad

	Il fait zéro (degré).	La température est: 0°.	Es ist null Grad.
	Il fait moins [mwɛ̃] **deux (degrés).**	La température est: −2°.	Es ist minus zwei Grad.
	Il fait plus [plys] **trois (degrés).**	La température est: +3°.	Es ist plus drei Grad.
6	**Ce pull est à moi.**	C'est mon pull: *il est à moi.*	Dieser Pulli gehört mir.
	des tennis *(m)*	des chaussures de tennis	Tennisschuhe
7	**la Fête Nationale**	– Quel est le jour de la Fête Nationale, en France? – Le 14 juillet.	der Nationalfeiertag
8	**un auto-stoppeur, une auto-stoppeuse**	qn qui fait de l'auto-stop	ein(e) Anhalter(in)
	un commissariat (de police) [kɔmisaria]	Un inspecteur travaille dans *un commissariat de police.*	ein Polizeirevier
	un agent (de police)	*M. l'agent,* où se trouve la gare, s'il vous plaît?	ein Polizeibeamter

● *Noms de pays et nationalités*	Ländernamen und Nationalitätsbezeichnungen		
l'Europe *(f)*	Europa	européen, européenne [øropeɛ̃, øropeɛn]	europäisch
l'Allemagne *(f)*	Deutschland	allemand, allemande	deutsch
la R.F.A. = la République fédérale d'Allemagne	die Bundesrepublik Deutschland		
(l'ex-R.D.A. = l'ex-République démocratique allemande)	(die ehemalige Deutsche Demokratische Republik)		
l'Angleterre *(f)*	England	anglais, anglaise	englisch
la Grande-Bretagne	Großbritannien		
l'Autriche *(f)* [lotriʃ]	Österreich	autrichien, autrichienne	österreichisch
la Belgique	Belgien	belge, belge	belgisch
le Canada	Kanada	canadien, canadienne	kanadisch
le Danemark	Dänemark	danois, danoise	dänisch
l'Espagne *(f)*	Spanien	espagnol, espagnole	spanisch
la France	Frankreich	français, française	französisch
la Hollande [laɔlɑ̃d]	Holland	hollandais, hollandaise	holländisch
les Pays-Bas *(m)*	die Niederlande		
l'Italie *(f)*	Italien	italien, italienne	italienisch
le Luxembourg [ləlyksɑ̃bur]	Luxemburg	luxembourgeois, luxembourgeoise	luxemburgisch
le Portugal	Portugal	portugais, portugaise	portugiesisch
la Suisse	die Schweiz	suisse, suisse	schweizerisch
l'Amérique *(f)*	Amerika	américain, américaine	amerikanisch
les Etats-Unis *(m)* [lezetazyni]	die Vereinigten Staaten		
les U.S.A. *(m)* [lezyɛsa]	die U.S.A.		

● *Attention!*

Il est **F**rançais.	Er ist Franzose.
Elle est **F**rançaise.	Sie ist Französin.
Ils parlent **f**rançais.	Sie sprechen französisch.

● *Quelques villes*

Munich [mynik], Cologne [kɔlɔɲ] et Magdebourg [magdebur] sont en Allemagne/en R.F.A.	München, Köln und Magdeburg sind in Deutschland/in der Bundesrepublik Deutschland.
Londres [lɔ̃dr] est en Angleterre/ en Grande-Bretagne.	London ist in England/in Großbritannien.
Vienne [vjɛn] est en Autriche.	Wien ist in Österreich.
Liège [liɛʒ] est en Belgique.	Lüttich ist in Belgien.
Copenhague [kɔpɛnag] est au Danemark.	Kopenhagen ist in Dänemark.
Barcelone [barsəlɔn] est en Espagne.	Barcelona ist in Spanien.
Le Mans [lemɑ̃] est en France.	Le Mans ist in Frankreich.
Amsterdam [amstɛrdam] et Rotterdam sont en Hollande/aux Pays-Bas.	Amsterdam und Rotterdam sind in Holland/ in den Niederlanden.
Florence [flɔrɑ̃s] est en Italie.	Florenz ist in Italien.
Luxembourg [lyksɑ̃bur] est au Luxembourg.	Luxemburg ist in Luxemburg.
Porto [pɔrto] est au Portugal.	Porto ist in Portugal.
Bâle [bal] et Neuchâtel [nøʃatɛl] sont en Suisse.	Basel und Neuenburg sind in der Schweiz.
New York [nujɔrk] est en Amérique/aux Etats-Unis/aux U.S.A.	New York ist in Amerika/in den Vereinigten Staaten/in den U.S.A.
Montréal [mɔ̃real] et Québec [kebɛk] sont au Canada.	Montreal und Quebec sind in Kanada.

Leçon 4

A Un déjeuner en famille

le déjeuner	le repas de midi	das Mittagessen
un déjeuner en famille	un déjeuner qu'on prend, à la maison, avec ses parents et, p.ex., ses grands-parents ou son oncle et sa tante, etc.	ein Mittagessen zu Hause/im Kreis der Familie
une serviette	une serviette de table	eine Serviette
une assiette [asjɛt]	On boit dans un verre et on mange dans *une assiette.*	ein Teller
une fourchette	On met *la fourchette* à gauche de l'assiette.	eine Gabel
un couteau, des couteau**x**	On met *le couteau* à droite de l'assiette.	ein Messer, Messer
une carafe d'eau [karaf]	une carafe où il y a de l'eau	eine Karaffe mit Wasser

le pain [pɛ̃]	Le boulanger fait *du pain* et des croissants.	das Brot
un plat [pla]	1. une sorte de grande assiette où on sert les choses qu'on va manger	eine Schüssel/ eine Platte
	2. qc qu'on sert dans un plat	ein Gericht
le pâté [pate]	– Tu aimes *le pâté?* – Oui, j'aime bien.	die Pastete
un plat de pâté	un plat où il y a du pâté	eine Platte mit Pastete
Pradel [pradɛl]	un nom de famille	Pradel
enlever qc	*j'enlève, nous enlevons, ils enlèvent; j'ai enlevé* *J'enlève* le plat de pâté: je le prends et je le porte à la cuisine.	etw. wegnehmen
un rôti [rɔti]	Tu me donnes un morceau de *rôti,* s'il te plaît?	ein Braten
sentir	*je sens, nous sentons, ils sentent; j'ai senti*	
	1. *sentir bon:* Quand le boulanger fait son pain, *ça sent bon* dans le magasin.	gut riechen
	2. *sentir qc:* Ça ne m'a pas fait mal: je n'*ai* rien *senti.*	etw. spüren/fühlen
Serge [sɛrʒ]	un prénom de garçon	Serge
Passe-moi ton verre.	Donne-moi ton verre.	Reich/Gib mir dein Glas!
mettre (du vin, etc. dans qc)	M. Robin a soif: *il met* du vin dans son verre.	(Wein usw. in etw.) hineingießen

Exercices

1	**mettre la table**	mettre, sur la table, des assiettes, des verres, des fourchettes, des couteaux, etc.	den Tisch decken
	un couvert	une assiette, un verre, une fourchette, un couteau, une petite cuillère et une grande cuillère	ein Gedeck
4	° **taquiner qn**		° jdn. necken
	se servir	Pour inviter qn à *se servir,* on lui dit: *«Sers-toi.»* ou *«Servez-vous.».*	sich bedienen
	Ah non, alors!	– Je peux mettre ton pull rouge! – *Ah non, alors!*	Auf keinen Fall!
	un dessert	un fruit ou un gâteau qu'on mange après le fromage	ein Dessert/ Nachtisch
	Pas question!	– Je peux sortir, ce soir? – *Pas question!*	Kommt nicht in Frage!
	Photos		
	pique-niquer	manger dans la nature	picknicken
	une épicerie [episri]	→ un épicier, une épicière	ein Lebensmittel-geschäft
	une boulangerie [bulɑ̃ʒri]	→ un boulanger, une boulangère	eine Bäckerei
	jusque [ʒysk]	J'ai travaillé *jusqu'* à 6 heures: après, je n'ai plus travaillé.	bis *(als Präposition)*

B Un dîner au restaurant

le dîner [dine]	le repas du soir	das Abendessen
dîner	prendre le repas du soir	zu Abend essen
aller dîner dans un restaurant	aller manger dans un restaurant, le soir	zum Abendessen (aus)gehen

° **le chef** [ʃɛf]		° der (Küchen)Chef
° **un pot-au-feu** [pɔtofø]	le nom d'un plat	° *frz. Eintopfgericht*
«Le pot-au-feu»	le nom d'un restaurant	*hier: Name eines Restaurants*
Châtellerault [ʃatɛlro]	une ville de France	Châtellerault
un menu	les plats qu'on sert à un repas	ein Menü *(Speisenfolge)*
un hors-d'œuvre [ɛ̃ɔrdœvr], **des hors-d'œuvre**	Pendant un repas, on mange d'abord les *hors-d'œuvre.*	eine Vorspeise, Vorspeisen
au choix	On a le choix entre la salade et le pâté: on peut prendre, *au choix,* de la salade ou du pâté.	zur (Aus)Wahl
un melon [məlõ]	– Tu aimes *le melon?* – Non, je n'aime pas tellement.	eine Melone
° **glacé,e**		° eisgekühlt/gefroren
° **un melon glacé**		° eine eisgekühlte Melone
la viande [vjɑ̃d]	Un rôti, p.ex., c'est *de la viande.*	das Fleisch
° **un bœuf** [bœf], **des bœufs** [bø]		° ein Ochse/ein Rind, Ochsen/Rinder
° **un rôti de bœuf**		° ein Rinderbraten
des (pommes) frites *(f)*	un plat de pommes de terre	Pommes frites
une côtelette	A midi, j'ai mangé *une côtelette* avec des frites.	ein Kotelett
° **un agneau** [aɲo], des agneau**x**		° ein Lamm, Lämmer
° **une côtelette d'agneau**		° ein Lammkotelett
des haricots verts *(m)* [deariko]	un légume qu'on mange, p.ex., avec une côtelette	grüne Bohnen
° **un lapin**		° ein Kaninchen
° **une herbe** [ynɛrb]		° ein Kraut/Gras
frais [frɛ], **fraîche** [frɛʃ]	J'ai acheté ce pain il y a trois jours: il n'est plus *frais.*	frisch
° **aux herbes fraîches**		° mit frischen Kräutern
des petits pois *(m)*	un légume qu'on mange, p.ex., avec un rôti	Erbsen
un fromage	Le Camembert [kamɑ̃bɛr] est *un fromage.*	ein Käse
un plateau de fromages, des plateau**x**	un choix de fromages, sur un plateau	eine Käseplatte, Platten
une tarte	un gâteau aux fruits	*flacher, runder Kuchen*
une tarte maison	une tarte qu'on fait dans ce restaurant	ein Obstkuchen nach Art des Hauses
une glace	Dans cette rue, il y a des marchands de crêpes et des marchands de *glaces.*	ein Eis
° **le service**		° *hier:* die Bedienung

° **comprendre**		° *hier:* einschließen
° **Service compris**		° Bedienung inbegriffen
Royer [rwaje]	un nom de famille	Royer
sortir	aller, p.ex., au cinéma, au restaurant ou chez des amis	ausgehen
presque [prɛsk]	Jacqueline sort *presque* tous les soirs: elle ne sort pas tous les soirs, mais quand même très souvent.	fast
° **un gourmet** [gurmɛ]		° ein Feinschmecker
«Le Gourmet»	le nom d'un restaurant	*hier: Name eines Restaurants*
réserver une table	téléphoner à un restaurant pour dire qu'on voudrait une table pour ce midi ou pour ce soir	einen Tisch reservieren
la carte	Pour voir les menus, on demande *la carte* au garçon.	die Speisekarte
le menu le plus cher [ləplyʃɛr]	*Le menu le plus cher* est à 118 F.	das teuerste Menü
un poisson	Un pêcheur attrape *des poissons.*	ein Fisch
le menu le moins cher	*Le menu le moins cher* est à 72 F.	das billigste Menü
léger [leʒe], **légère** [leʒɛr]	1. Cette valise est *légère:* on peut la porter sans problèmes.	leicht *(zu tragen)*
	2. Cette salade est très *légère.*	leicht *(verdaulich)*
plus léger que	La salade est *plus légère* que le pâté.	leichter als
moins bon que	La salade est *moins bonne* que le pâté.	weniger gut als
Je ne sais pas trop.	– Qu'est-ce que tu prends comme dessert: une glace ou un morceau de tarte? – Hum! *je ne sais pas trop.*	Ich weiß nicht so recht.
le rosé	le vin rosé	der Rosé(wein)
aussi bon que	Le rouge est *aussi bon que* le rosé.	ebenso gut wie
meilleur,e que [mɛjœr]	Avec le poisson, le blanc est *meilleur que* le rouge.	besser als
commander qc	demander au garçon de nous apporter qc	etw. bestellen
° **une coupe**		° eine Schale/ein Becher; *hier:* ein Eisbecher
énorme	très grand	enorm
une fraise [frɛz]	un petit fruit de couleur rouge qu'on peut manger avec du sucre	eine Erdbeere
connaître	*je connais, il connaît, nous connaissons, ils connaissent; j'ai connu*	
	1. – Qui est ce garçon? – Je ne sais pas. *Je ne le connais pas.*	kennen
	2. Bruno? Je l'*ai connu* à Paris.	kennenlernen
l'addition *(f)* [ladisjõ]	Quand on veut payer, on demande *l'addition* au garçon.	die Rechnung *(im Restaurant)*
sourire	*je souris, nous sourions, ils sourient; j'ai souri* Quand on photographie qn, on lui dit de *sourire.*	lächeln
gentil [ʒɑ̃ti], **gentille** [ʒɑ̃tij]	qui est toujours agréable et sympathique avec les autres	lieb/nett/freundlich

C'est gentil d'avoir pensé à mon anniversaire.	Vous avez pensé à mon anniversaire: vous êtes gentil/gentille.	Das ist nett, daß Sie an meinen Geburtstag gedacht haben.
ne . . . plus rien	Je *ne* comprends *plus rien!*	nichts mehr
la santé	Le tabac n'est pas bon pour *la santé.*	die Gesundheit
A votre santé!/ A la vôtre! [votr]	Quand on prend, p.ex., l'apéritif avec qn, on dit d'abord *«A votre santé!»* ou *«A la vôtre!»*, puis on boit.	Auf Ihr Wohl!/ Prost!

Exercices

2	**Villeneuve** [vilnœv]	une ville de France	Villeneuve
	un nombre	28 est *un nombre.*	eine Zahl
	«Le Buffet de la Gare»	un café-restaurant qui se trouve dans la gare	die Bahnhofs-gaststätte
7	**Amblard** [ɑ̃blar]	un nom de famille	Amblard
	Photos		
	° **un «snack»** [snak]		° eine Schnellgaststätte
	° **à toute heure**		° zu jeder Tageszeit

Que dit-on quand on s'adresse à . . . ?

● *une dame/un monsieur qu'on ne connaît pas bien*	– **Bonjour, madame./Bonjour monsieur.**
● *une dame/un monsieur qu'on connaît bien*	– **Bonjour, madame Berger./ Bonjour, monsieur Moulin.**
● *plusieurs personnes*	– **Bonjour, messieurs dames.**
● *un professeur (une femme/un homme)*	– **Bonjour, madame./Bonjour, monsieur.**
● *une directrice/un directeur de collège.*	– **Madame (le principal)/Monsieur (le principal)**
● *une directrice/un directeur de lycée (m; Gymnasium)*	– **Madame (le proviseur)/Monsieur (le proviseur)**
● *un agent de police (ou à un gendarme)*	– **Pardon, monsieur l'agent, . . .**
● *un médecin (un homme ou une femme) ou à un(e) dentiste*	– **Bonjour, docteur.**

Quand on est invité

● *Quand on arrive*

– **Grand-mère, grand-père, je vous présente Jutta, ma correspondante allemande.**	– Großmutter, Großvater, ich stelle euch Jutta, meine deutsche Briefpartnerin vor.
– **Bonjour, madame. Bonjour, monsieur. Merci de m'avoir invitée à manger. Je vous ai apporté des fleurs** *(f)* **et une bouteille de vin du Rhin** [rɛ̃].	– Guten Tag, Frau Brun! Guten Tag, Herr Brun! Danke, daß Sie mich zum Essen eingeladen haben. Ich habe Ihnen Blumen und eine Flasche Wein vom Rhein mitgebracht.
– **Oh! merci beaucoup. C'est très gentil à toi. Je peux te tutoyer** [tytwaje]?	– Oh, vielen Dank! Das ist sehr nett von dir. Ich darf dich doch duzen?
– **Bien sûr!**	– Natürlich!
– **Bon. Le repas est prêt** [prɛ]. **Nous allons passer à table.**	– So, das Essen ist fertig. Wir gehen zu Tisch!

● *Pendant le repas*

– **Hmm! ce rôti est vraiment bon. Tous mes compliments** [kõplimɑ̃], **madame!**	– Hmm! Dieser Braten ist wirklich gut. Mein Kompliment!
– **Tu en veux encore un morceau?**	– Möchtest du noch ein Stück (davon)?
– { **Oui, je veux bien./Ah! je ne dis pas non.** / **Merci./Non, merci. Je n'ai plus faim.**	– { Ja, gern./Da sage ich nicht nein! / Nein, danke. Ich bin satt./Ich kann nicht mehr.
– **C'est vrai? Le repas n'est pas fini. Il y a encore le fromage, et puis la tarte.**	– Ist das wahr? Das Essen ist noch nicht zu Ende. Es gibt noch Käse und dann auch noch Obstkuchen.
– **Oh là là!**	– Ach du meine Güte!

● *Quand on part*

– **Au revoir, messieurs dames, et merci pour ce bon repas.**	– Auf Wiedersehen, und danke für das gute Essen.
– **Au revoir, Jutta. Viens nous voir de temps en temps** [dətɑ̃zɑ̃tɑ̃].	– Auf Wiedersehen, Jutta! Komm uns doch hin und wieder besuchen!
– **D'accord.**	– Mach ich!

Leçon 5

A Zinal – Une station de Suisse romande

Noms géographiques

le Val d'Anniviers [valdanivje]	das Anniviers-Tal	**les Alpes suisses** *(f)* [lezalpəsɥis]	die schweizerischen Alpen
la Suisse romande [rɔmɑ̃d]	die französische Schweiz	**la Vallée du Rhône** [valedyron]	das Rhône-Tal *(hier: in der Schweiz)*
le Valais [valɛ]	das Wallis		

Zinal [zinal]	un village qui se trouve dans les Alpes suisses	Zinal
une vallée	un terrain qui se trouve entre deux montagnes (Dans les noms géographiques, on dit souvent «un val».)	ein Tal
une station	un endroit où beaucoup de gens passent leurs vacances	ein Ferienort
le ski [ski]	1. *un ski:* Pierre s'est acheté des skis.	ein Ski
	2. *le ski:* Martine aime beaucoup le ski.	das Skifahren
	3. *faire du ski:* Je ne fais pas de ski.	Ski fahren
une piste [pist]	une sorte de route où on fait du ski	eine Piste
la descente	l'action de descendre	die Abfahrt
une piste de descente	une piste où on fait des descentes en ski	eine Abfahrtspiste
le ski de fond [fõ]	≠ le ski de piste	der Langlauf
une piste de fond	une piste de ski de fond	eine Loipe/eine Langlaufpiste

un téléphérique [teleferik]	Pour aller de la vallée sur la montagne, on prend *le téléphérique.*	eine Seilbahn
un téléski	J'ai attendu une demi-heure devant *le téléski.*	ein Skilift
snob	Jacques n'aime pas les filles *snob.*	snobistisch
autrefois	≠ aujourd'hui	früher/ehemals/ einst
être situé,e [sitɥe]	se trouver	liegen/gelegen sein
haut [o], **haute** [ot]	Cette montagne est à 2000 m: c'est une *haute* montagne.	hoch
il y a deux ans	deux ans avant le moment où on parle	vor zwei Jahren
un homme	≠ un animal	ein Mensch
vivre	*je vis, nous vivons, ils vivent; j'ai vécu* → la vie	leben
° **un glacier**		° ein Gletscher
couvrir qc	*je couvre, nous couvrons, ils couvrent; j'ai couvert* se trouver sur qc	etw. bedecken
dater de	Ce château est de 1580: il *date de* 1580.	stammen aus
l'an 5000	On dit aussi: l'an 1000, l'an 2000, l'an 3000, etc.	das Jahr 5000
Jésus-Christ [ʒezykri]		Jesus Christus
en l'an 5000 avant Jésus-Christ	Les premiers hommes sont arrivés dans le Valais *en l'an 5000 av. J.-C.*	im Jahr 5000 vor Christi Geburt
depuis	Annick est arrivée à Paris il y a deux ans: elle habite Paris *depuis* deux ans.	seit
° **un document** [dɔkymɑ̃]		° ein Dokument/ eine Urkunde
un siècle [sjɛkl]	100 ans	ein Jahrhundert
le 16e siècle [sɛzjɛm]	le seizième siècle	das 16. Jahrhundert
en ce temps-là	il y a deux ans, il y a 100 ans ou il y a mille ans	in jener Zeit/ damals
un habitant, une habitante	→ habiter	ein Ein-/Bewohner, eine Ein-/Bewohnerin
° **un nomade, une nomade**		° ein Nomade, eine Nomadin
° **une vigne**		° ein Weinberg
remonter	monter à un endroit d'où on est descendu	wieder aufsteigen
un champ [ʃɑ̃]	un terrain où on travaille pour avoir, p.ex., des légumes	ein Acker/Feld
cultiver un champ	travailler dans un champ	einen Acker bebauen/bestellen
une vache [vaʃ]	un animal qui donne le lait qu'on boit	eine Kuh
mener une vie ...	Ils *mènent une vie agréable:* ils vivent sans problèmes/ ils ont une vie agréable.	ein ... Leben führen
le/la même ... que	*la même vie que:* une vie qui n'est pas autre que	der-/die-/dasselbe ... wie
descendre dans un hôtel	prendre une chambre dans un hôtel	in einem Hotel absteigen
° **un pionnier** [pjɔnje], **une pionnière**		° ein Pionier, eine Pionierin
° **l'alpinisme** [lalpinism]		° das Bergsteigen/ Klettern

un sportif, une sportive	qn qui, p.ex., fait de l'alpinisme ou joue au football	ein Sportler/ eine Sportlerin
le début de qc [deby]	le moment où qc commence	der Anfang/Beginn
connu,e	une station *connue:* une station que beaucoup de gens connaissent	bekannt
une année [ane]	365 jours; attention! On dit: *«toute l'année», «la première année», «cette année».*	ein Jahr *(in seinem Ablauf)*
dans les années cinquante	entre 1950 et 1960	in den fünfziger Jahren
par contre	Annie a beaucoup de cassettes. Nadine, *par contre,* en a très peu.	dagegen/hingegen
être à la mode [mɔd]	Cette station *est* très *à la mode:* tout le monde y va.	in Mode sein/ „in" sein
à la place de qn/qc	Je devais aller à la poste; c'est mon frère qui y est allé: il y est allé *à ma place.*	anstelle von jdm./ etw.
la neige	→ neiger	der Schnee
le froid	→ froid,e	die Kälte
en 1962	pendant l'année 1962	(im Jahr) 1962
compter [kõte]	Dans ce village, il y a 200 habitants: ce village *compte* 200 habitants.	zählen
Denis [dəni]	un prénom de garçon	Denis
Melly [mɛli]	un nom de famille	Melly
sauver qn/qc	Qn qui ne sait pas nager tombe à l'eau; je le ramène au bord: *je le sauve.*	jdn./etw. retten
° **attirer qn**		° jdn. anziehen/ locken
de nouveau	encore une fois	von neuem/wieder
familial,e [familjal] (*plur:* familiaux, familiales)	→ la famille	Familien-/für die Familien

Exercices

1	° **officiel,-le** [ɔfisjɛl]		° offiziell/Amts-
	° **le romanche** [rɔmɑ̃ʃ]		° Rätoromanisch
2	**de temps en temps** [dətɑ̃zɑ̃tɑ̃]	≠ tout le temps	von Zeit zu Zeit/ ab und zu
	faire du sport [spɔr]	Quand, p.ex., on joue au football, on *fait du sport.* → un sportif, une sportive	Sport treiben
	rien d'autre	≠ qc d'autre	nichts anderes
3	**un chalet**	une maison dans la montagne	*hier:* einfaches Wohnhaus aus Holz
	° **un alpiniste, une alpiniste**		° ein Bergsteiger, eine Bergsteigerin
	à deux étages	qui a deux étages	mit zwei Stockwerken

voisin,e	→ un voisin, une voisine	Nachbar-/benachbart
se laver	Quand on prend une douche, on *se lave.*	sich waschen
°**une marmotte** [marmɔt]		°ein Murmeltier
un vin pas comme les autres	un vin qui n'est pas comme les autres	ein ganz besonderer Wein
Emile [emil]	un prénom de garçon	Emil

B Camp de ski à Zinal

°**un camp de ski** [kɑ̃dəski]		°ein Skilager/eine Skifreizeit
un groupe	plusieurs personnes qui sont ensemble	eine Gruppe
participer à qc	être dans un groupe et faire toutes les activités de ce groupe	an etw. (aktiv) teilnehmen
«Jeunesse et Sport» (J + S) [ʒiplysɛs]	Avec *J + S,* on peut participer à des camps de ski.	„Jugend und Sport" *(Organisation zur Förderung des Jugendsports in der Schweiz)*
un centre de vacances	une maison où des jeunes gens peuvent passer leurs vacances	ein Ferienheim
°**une organisation** [ɔrganizasjɔ̃]		°eine Organisation
sportif, -ive	→ le sport	Sport-/sportlich
°**une discipline sportive** [disiplin]		°eine Sportart
une partie d'un livre	≠ tout un livre	ein Teil eines Buches
un journal, des journ**aux**	un petit livre où on écrit tous les jours qc, p.ex., ce qu'on a fait	ein Tagebuch, Tagebücher
Duvoisin	un nom de famille	Duvoisin
fatigué,e	Quatre heures de ski! Tu dois être *fatigué(e),* non?	müde
lorsque [lɔrsk]	quand	als/wenn
Sorebois [sɔrbwa]	un endroit situé dans la montagne, près de Zinal	Sorebois
là-haut	à un endroit qui se trouve plus haut que là où on est	dort oben
de plus [dəplys]	et puis	außerdem
Rémy [remi]	un prénom de garçon	Rémy
un moniteur, une monitrice	1. qn qui s'occupe d'un groupe dans un centre de vacances	ein(e) Betreuer(in)
	2. qn qui donne des leçons de ski	ein(e) Skilehrer(in)
Daniel [danjɛl]	un prénom de garçon	Daniel
sans arrêt [sɑ̃zarɛ]	tout le temps	ständig/ununterbrochen
pendant que	*Pendant que* les uns travaillent, les autres s'amusent. *Mais:* Qu'est-ce que tu fais *pendant* les vacances?	während *(als Konjunktion)*
attendre son tour	Ce n'est pas à moi; je dois attendre: je dois *attendre mon tour.*	warten, bis man an der Reihe ist

skier [skje]	faire du ski	Ski fahren
° **un champion** [ʃɑ̃pjɔ̃], **une championne** [ʃɑ̃pjɔn]		° ein Champion/ ein(e) Meister(in)
une discothèque [diskɔtɛk]	un endroit où on va pour danser	eine Diskothek
Sophie [sɔfi]	un prénom de fille	Sophie
la piste de danse	la partie de la discothèque où on danse	die Tanzfläche
espérer [ɛspere]	*j'espère, nous espérons, ils espèrent; j'ai espéré* . *J'espère* que Pierre va venir, ce soir.	hoffen
à cause de qn/qc	Il y a du brouillard: on ne voit rien. On ne voit rien *à cause du* brouillard.	wegen einer Person/ einer Sache
comme	*Comme* il pleut, je ne sors pas: je ne sors pas parce qu'il pleut.	da *(als Konjunktion)*
° **un aigle** [ɛgl]		° ein Adler
la Descente de l'Aigle	une piste de descente qui va de Sorebois à Zinal	die Adler-Abfahrt
se mettre en tête de qc	se mettre devant	sich an die Spitze von etw. stellen
se mettre à l'arrière [larjɛr]	se mettre derrière	sich nach hinten stellen
aider qn	La dame ne peut pas porter sa valise; vous pouvez *l'aider,* s'il vous plaît?	jdm. helfen
un cas [ka]	qc qui peut arriver	ein Fall/Ereignis
une chute [ʃyt]	l'action de tomber	ein Sturz
en cas de chute	Sophie doit aider ses copains *en cas de chute.*	im Fall eines Sturzes
un skieur, une skieuse	qn qui fait du ski	ein Skifahrer/ eine Skifahrerin
Il est sûr de lui./Elle est sûre d'elle.	Il/Elle n'a pas peur.	Er/Sie ist (selbst-) sicher.
un idiot [idjo], **une idiote** [idjɔt]	qn qui est bête, qui fait des bêtises	ein Idiot/eine Idiotin
faire une chute	tomber	stürzen
un bâton	Quand on veut skier, il faut acheter deux skis et deux *bâtons.*	ein Skistock
un bonnet	Quand on skie, on porte *un bonnet* sur la tête.	eine Skimütze
cassé,e	Je ne peux pas lire: mes lunettes sont *cassées.*	kaputt/zerbrochen
se relever	Quand on tombe, on *se relève* ensuite.	wieder aufstehen
idiot,e	→ un idiot, une idiote	idiotisch
une voix [vwa], **des voix**	Quand qn parle, on entend *sa voix.*	eine Stimme, Stimmen
assez	Cette maison n'est pas vraiment belle: elle est *assez* belle.	ziemlich/recht
loin (de)	≠ près (de)	weit (von)

au bout de [obudə] **quelques minutes**	quelques minutes après	nach (Verlauf von) einigen Minuten
° **profond,e** [prɔfɔ̃, prɔfɔ̃d]		° tief
° **la (neige) profonde**		° der Tiefschnee
se perdre	Quand on *s'est perdu,* on ne sait plus où on est.	sich verlaufen/ verirren
j'en suis sûr,e	On va se perdre, *j'en suis sûr(e):* je suis sûr(e) qu'on va se perdre.	ich bin sicher
rien à faire!	J'ai essayé de réparer le magnétophone, mais ... *rien à faire!*	nichts zu machen!
arrêter de faire qc	M. Colin ne fume plus: il *a arrêté de* fumer.	aufhören, etw. zu tun
appeler au secours [skur]	Les trois jeunes se sont perdus; alors, ils *ont appelé au secours.* Ils ont dit: *«Au secours! Au secours!»*	um Hilfe rufen

Exercices

2 ° **Vive le ski!**		° Es lebe das Skifahren!
quitter son anorak	≠ mettre son anorak	seinen Anorak ausziehen
quitter ses skis	≠ mettre ses skis	seine Skier abschnallen/abnehmen
faire cadeau de qc à qn	offrir, donner qc à qn	jdm. etw. schenken
3 **Lachute**	un nom de famille	Lachute
apprendre à faire qc	*J'ai appris à* faire du ski avec un moniteur.	lernen, etw. zu tun
4 ° **une silhouette** [silwɛt]		° eine Silhouette
un bon moment	assez longtemps	eine ganze Zeit
8 **Pas de chance!**	Je voulais parler à Nicole, mais elle n'était pas chez elle. *Pas de chance!*	Kein Glück!
Frédéric [frederik]	un prénom de garçon	Friedrich
Caron	un nom de famille	Caron
Chamonix [ʃamɔni(ks)]	une grande station des Alpes françaises, au pied du Mont-Blanc	Chamonix
le Brévent [brevɑ̃]	une montagne des Alpes françaises	der Brévent
une cabine	Quand on prend le téléphérique, on monte dans *une cabine.*	eine Seilbahnkabine
° **attirer l'attention de qn**		° die Aufmerksamkeit von jdm. auf sich lenken
crier	1. Quand on est très en colère, on ne parle pas, on *crie.*	schreien
	2. *crier qc à qn*	jdm. etw. zurufen

Quelques verbes qui commencent par r(e)-

amener qn	**ramener qn/qc**	jdn. (hin/her)bringen/ mitbringen	jdn./etw. zurückbringen
appeler qn	**rappeler qn**	jdn. rufen/anrufen	jdn. wieder anrufen
apporter qc	**rapporter qc**	etw. (her)bringen	etw. zurückbringen
chercher	**rechercher**	suchen	suchen; fahnden
commencer	**recommencer**	beginnen/anfangen	wieder beginnen/wieder anfangen
descendre	**redescendre**	hinabgehen/hinab-steigen	wieder hinabgehen/ wieder hinabsteigen
entrer	**rentrer**	betreten/eintreten/ hereinkommen	wieder betreten; nach Hause gehen/kommen
faire	**refaire**	machen/tun	noch einmal machen/ wieder tun
se lever	**se relever**	aufstehen	wieder aufstehen
se mettre au lit	**se remettre au lit**	sich ins Bett legen	sich wieder ins Bett legen
monter	**remonter**	hinaufgehen/hinauf-steigen	wieder hinaufgehen/ wieder hinaufsteigen
parler	**reparler**	sprechen	wieder/noch einmal sprechen
prendre	**reprendre**	nehmen	wieder (zurück)nehmen
trouver	**retrouver**	finden	wiederfinden; treffen
venir	**revenir**	kommen	zurückkommen/wieder-kommen
voir	**revoir**	sehen	wiedersehen/noch einmal sehen

Leçon 6

Qui est-ce qui a fait le coup?

Qui est-ce qui . . . ?	*Qui est-ce qui* a fait le coup?: Qui a fait le coup?	Wer . . . ? *(Fragepronomen: Subjekt)*
faire un coup	p.ex., voler beaucoup d'argent	eine Tat begehen
se passer	Où est-ce que cette histoire *s'est passée?*	geschehen/sich abspielen
une entrée	→ entrer	ein Eingang
une pâtisserie [patisri]	un magasin où on peut acheter des gâteaux	eine Konditorei
une boulangerie-pâtisserie	un magasin où on peut acheter du pain et des gâteaux	eine Bäckerei und Konditorei
° **un salon de thé**		° *entspricht dem deutschen „C*
Gardet	un nom de famille	Gardet
Lamartine	un nom de rue	Lamartine *(frz. Dichter u. Staatsmann: 1790–1869*

Laffont [lafõ]	un nom de famille	Laffont
le bruit [brɥi]	1. Cette machine fait beaucoup de *bruit.*	der Lärm
	2. J'ai entendu *un bruit.*	ein Geräusch
s'entendre	1. *s'entendre (bien/mal) avec qn:* Tu t'entends bien avec ton frère?	sich (gut/schlecht) mit jdm. verstehen
	2. *On ne s'entend plus!:* On ne s'entend plus parler!	Man versteht sein eigenes Wort nicht mehr!
Jacquin [ʒakɛ̃]	un nom de famille	Jacquin
une mobylette [mɔbilɛt]	Jusqu'à 18 ans, on peut rouler seulement en *mobylette.*	ein Mofa
faire de la mobylette	rouler en mobylette	mit dem Mofa fahren
un trottoir [trɔtwar]	Il ne faut pas faire de la mobylette sur *le trottoir.*	ein Bürgersteig
un moteur	Une voiture et une mobylette ont *un moteur.*	ein Motor
en plus [ɑ̃plys]	de plus	außerdem noch/noch dazu
la fumée	→ fumer	der Rauch
Ça sent mauvais.	≠ Ça sent bon.	Es riecht schlecht.
ce que	Tu ne sais pas *ce que* tu dis!	(das,) was *(als Objekt)*
quelquefois	de temps en temps	manchmal
empêcher qn de faire qc [ɑ̃pɛʃɛ]	Mon petit frère fait beaucoup de bruit: il *m'empêche de* travailler.	jdn. hindern, etw. zu tun
se moquer de qn [səmɔke]	dire à qn des choses qui ne sont pas très gentilles/s'amuser de qn	sich über jdn. lustig machen
vrai,e	Ça s'est vraiment passé comme ça: c'est une histoire *vraie.*	wahr
C'est vrai?	– Chantal est partie en Allemagne pour deux ans. – *C'est vrai?*	Stimmt das?/Ach ja?
devant chez Gardet	devant le magasin de M. Gardet	vor dem Laden von Gardet
venir de faire qc	avoir fait qc il y a peu de temps	etw. gerade getan haben
en deux ans	en un temps de deux ans	innerhalb von 2 Jahren
pour reparler de qn/qc	pour parler de nouveau de qn/qc	um wieder auf jdn./etw. zurückzukommen
discuter avec qn [diskyte]	parler avec qn	sich mit jdm. unterhalten
deux d'entre eux	J'ai discuté avec deux des jeunes: *deux d'entre eux.*	zwei von ihnen
Lacroix [lakrwa]	un nom de famille	Lacroix
Stéphane [stefan]	un prénom de garçon	Stefan
Duval	un nom de famille	Duval
méchant,e	≠ gentil, gentille	böse/boshaft
Ils ne sont pas si méchants que ça.	Ils sont moins méchants qu'on pense.	So böse sind sie auch wieder nicht.

Pensez-vous!	– Votre fils s'intéresse à beaucoup de choses. – *Pensez-vous!* Il ne s'intéresse à rien.	Ach was!/Wo denken Sie hin!
ce qui	Voilà *ce qui* s'est passé: . . .	(das,) was *(als Subjekt)*
embêter qn	faire ou dire à qn des choses qui ne sont pas agréables	jdn. ärgern
une montre	Pour savoir l'heure, on regarde *sa montre.*	eine Armbanduhr
une vitre	la partie en verre d'une fenêtre	eine Fensterscheibe
°**une ruelle** [rɥɛl]		°eine (enge) Gasse
en mille morceaux *(m)*	La vitre était cassée *en mille morceaux.*	in tausend Stücken
possible	1. une chose *possible:* qc qu'on peut faire ou qui peut se passer	möglich
	2. *le plus vite possible:* aussi vite que possible	so schnell wie möglich
une pierre	Pour faire une maison, il faut *des pierres.*	ein Stein
dans la matinée	p.ex., à 10 heures ou 11 heures du matin	im Laufe des Vormittags
Janvier	un nom de famille	Janvier
°**interroger qn**		°jdn. befragen/verhören
croire	*je crois, nous croyons, ils croient; j'ai cru;* penser	glauben
un concert de rock [kõsɛr]	un concert de musique de rock	ein Rockkonzert
un spectateur [spɛktatœr], **une spectatrice**	qn qui, p.ex., regarde un film dans un cinéma	ein Zuschauer/eine Zuschauerin
casser qc	La vitre est cassée: qn l'*a cassée.*	etw. zerbrechen/kaputtmachen
se souvenir de qn/qc	*je me souviens, nous nous souvenons, ils se souviennent; je me suis souvenu(e)* Je ne sais plus: je ne *me souviens* plus.	sich an jdn./etw. erinnern
une vitrine	1. la partie d'un magasin qu'on voit du trottoir	ein Schaufenster
	2. la partie en verre de la vitrine	eine Schaufensterscheibe
Qu'est-ce qui . . . ?	*Qu'est-ce qui* t'intéresse?	Was . . . ? *(Fragepronomen Subjekt)*
. . ., ou quoi? [kwa]	Tu ne comprends pas ça? Tu es bête, *ou quoi?*	. . . oder was?
le Vox [vɔks]	le nom d'un cinéma	*Name eines Kinos*
Qui est-ce que . . .?	*Qui est-ce que* tu as vu en ville?	Wen . . .? *(Fragepronomen. Objekt)*
°**le ciné** *(fam)*		°*Kurzform für «le cinéma» (ugs)*
une découverte	→ découvrir	eine Entdeckung
intéressant,e	→ s'intéresser à qc	interessant
un rideau, des rideau**x**	Tu peux fermer *le rideau,* s'il te plaît? Il y a beaucoup de soleil.	ein Vorhang, Vorhänge
lancer qc	Luc *a lancé* une pierre dans une vitre: il a cassé la vitre.	etw. werfen
plus vite que	En voiture, on roule *plus vite qu'*en mobylette.	schneller als

	la solution [sɔlysjõ]	Quand on fait un problème, il faut trouver *la solution.*	die Lösung

Exercices

3	**un bar**	un petit café	ein kleines Lokal
	le «Bar-Club» [barklœb]	le nom d'un bar	der „Bar-Club"
	Jojo [ʒoʒo]	Il s'appelle Georges, mais on l'appelle *«Jojo».*	*Kosename für «Georges»*
4	**Roux** [ru]	un nom de famille	Roux
	le général [ʒeneral] **de Gaulle**	Charles de Gaulle (1890–1970)	General de Gaulle *(frz. Staatsmann; von 1959–1969 Präsident der frz. Republik)*
	Verdun [vɛrdɛ̃]	une ville de France	Verdun
6	**moins souvent que**	≠ plus souvent que	weniger oft als
	le moins souvent	≠ le plus souvent	am wenigsten oft/ am seltensten
7	**un nageur, une nageuse**	→ nager	ein Schwimmer/ eine Schwimmerin
8	°**un parcmètre** [parkmɛtr]		°eine Parkuhr
	°**être en contravention** [kõtravɑ̃sjõ]		°sich einer Übertretung schuldig gemacht haben *(hier: Ablaufen der Parkuhr)*
	°**une citadelle** [sitadɛl]		°eine Zitadelle
9	**la Porte d'Italie** / **la Porte de Clignancourt** [kliɲɑ̃kur]	deux stations de métro, à Paris	*zwei Pariser Metrostationen, benannt nach ehemaligen Stadttoren*
	un car	Pour aller d'une ville à une autre, on prend le train ou *le car.* En ville, on prend le bus.	ein (Reise)Bus

● *mettre/se mettre*

mettre qc sur la table	etw. auf den Tisch legen/setzen/stellen	**se mettre au lit**	sich ins Bett legen
mettre la table	den Tisch decken	**se mettre à l'eau**	ins Wasser steigen
mettre la radio	das Radio anmachen	**se mettre en route**	sich auf den Weg machen
mettre une lettre à la boîte	einen Brief (in den Briefkasten) einwerfen	**se mettre en tête de qc**	sich an die Spitze von etw. stellen
mettre un chemisier	eine Bluse anziehen	**se mettre en colère**	wütend werden
mettre (de l'eau) dans ...	(Wasser) in ... gießen		

● *passer*

Mme Pradel passe à la pharmacie.	Frau Pradel geht zur Apotheke.	**Passe-moi ton verre.**	Reich mir dein Glas.
Elle passe devant la poste.	Sie geht an der Post vorbei.	**Tu peux me passer le pain, s'il te plaît?**	Kannst du mir bitte das Brot reichen?
Elle passe chez une amie.	Sie geht bei einer Freundin vorbei.	**Cette histoire se passe à Paris.**	Diese Geschichte spielt/ereignet sich in Paris.
Elle voit passer son mari en voiture.	Sie sieht ihren Mann im Auto vorbeifahren.	**Qu'est-ce qui se passe?**	Was ist los?
Jörg passe la frontière à Sarrebruck.	Jörg überquert die Grenze bei Saarbrücken.	**Qu'est-ce qui s'est passé?**	Was ist geschehen/passiert?
Les Mollet passent un premier poste de péage.	Die Mollets passieren eine erste Zahlstelle.	*Attention au passé composé!*	
Le train passe par Reims.	Der Zug fährt über Reims.	Elle **a** passé **ses vacances** à Paris. *(passer + direktes Objekt)*	Sie hat ihre Ferien in Paris verbracht.
Pierre passe quinze jours à Paris.	Pierre verbringt vierzehn Tage in Paris.	Elle **est** passé**e** **à la pharmacie.** *(passer + Ortsbestimmung)*	Sie ist zur Apotheke gegangen.
Véronique passe ses vacances à Zinal.	Véronique verbringt ihre Ferien in Zinal.		

Leçon 7

A En Provence

Apt [apt]	une ville située en Provence	Apt
dans le sud [syd] **de la France/dans le Midi**	Apt se trouve *dans le sud de la France/dans le Midi.*	im Süden Frankreichs/in Südfrankreich
au sud de	Orléans est situé *au sud de* Paris.	südlich von
le Lubéron [lyberõ]	une montagne située dans la région d'Apt	der Lubéron *(Gebirgszug und Naturschutzgebiet in Südfrankreich)*
le nord [nɔr]	≠ le sud	der Norden
au nord de	Dijon est situé *au nord de* Lyon.	nördlich von
typiquement [tipikmɑ̃]	(*adv. de:* typique)	typisch *(adv)*
° **provençal,e** [prɔvɑ̃sal] *(plur:* provençaux, provençales)		° provenzalisch
Aurel [orɛl]	un village situé dans la région d'Apt	Aurel

Lacoste [lakɔst]	un nom de famille	Lacoste
un agriculteur [agrikyltœr], **une agricultrice**	qn qui cultive ses champs, s'occupe de ses vaches, etc.	ein Landwirt/ eine Landwirtin
le blé	Avec *le blé,* on fait de la farine.	das Korn/Getreide/ der Weizen
° **la lavande** [lavɑ̃d]		° der Lavendel
suffire à qn	*cela/il me suffit, ils me suffisent; cela/il m'a suffi;* être assez pour qn	jdm. genügen
élever des animaux	s'occuper d'animaux pour les vendre, ensuite, quand ils sont grands	Tiere züchten
un mouton [mutɔ̃]	Les Lacoste élèvent *des moutons.*	ein Schaf
° **une chèvre**		° eine Ziege
° **une abeille** [abɛj]		° eine Biene
un vestibule [vɛstibyl]	la partie d'un appartement qui se trouve juste après la porte quand on entre	eine Diele
directement [dirɛktəmɑ̃]	(*adv. de:* direct,e)	direkt/unmittelbar *(adv)*
une pièce	M. Poulin a un appartement de trois *pièces:* une salle de séjour et deux chambres.	ein Zimmer
meublé,e	→ un meuble	möbliert
simplement	(*adv. de:* simple) Tout le monde le comprend: il parle *simplement.*	einfach *(adv)*
joliment	(*adv. de:* joli,e)	hübsch *(adv)*
une école	un endroit où on va pour apprendre qc	eine Schule *(allgemein)*
Noëlle [nɔɛl]	un prénom de fille	Noëlle
la troisième [trwazjɛm]	la dernière classe du collège	*die vierte (und letzte) Klasse des «collège»*
Jeanne d'Arc [ʒandark]		die heilige Johanna, *genannt „die Jungfrau von Orléans" (1412–1431)*
° **un interne** [ɛ̃tɛrn], **une interne**		° *ein(e) Schüler(in), der (die) im «collège» ißt und schläft*
faire l'aller-et-retour	aller et revenir	hin- und zurückfahren
° **l'internat** *(m)* [lɛ̃tɛrna]		° *Teil des «collège», wo die Schlafräume der «internes» sind*
être en train de faire qc	faire qc juste en ce moment	(gerade) dabei sein, etw. zu tun
un dessin [dɛsɛ̃]	Quand on fait une personne ou une chose sur un morceau de papier, on fait *un dessin.*	eine Zeichnung
dessiner [dɛsine]	faire un dessin	zeichnen
un camarade [kamarad], **une camarade**	un copain/une copine, un(e) ami(e)	ein(e) Kamerad(in)
Stéphanie	un prénom de fille	Stefanie

	un avis [avi]	ce qu'on pense	eine Meinung
	à mon avis	*A mon avis,* Stéphanie n'est pas si méchante que ça.	meiner Meinung nach
	parfaitement [parfɛtmɑ̃]	(*adv. de:* parfait,e)	perfekt/vollkommen *(adv)*
	Elle sait parfaitement que . . .	Elle sait très bien que . . .	Sie weiß sehr wohl, daß . . .
	être amoureux, -euse de qn	aimer qn	in jdn. verliebt sein
	absolument [absɔlymɑ̃]	(*adv. de:* absolu,e)	absolut/unbedingt *(adv)*
	chaque dimanche	tous les dimanches	jeden Sonntag
	Rioux [riju]	un nom de famille	Rioux
	Violaine [viɔlɛn]	un prénom de fille	Violaine
	la Martinique [martinik]	– Elle est *de la Martinique,* Violaine? – Oui, ses parents habitent *à la Martinique.*	Martinique *(frz. Überseedepartement: Insel im Karibischen Meer)*
	naturellement [natyrɛlmɑ̃]	(*adv. de:* naturel,-le) bien sûr	natürlich *(adv)*

Exercices

4	**une note** [nɔt]	Tu as eu *une* bonne *note* en géo?	eine Note
	Marie-Claire [mariklɛr]	un prénom de fille	Marie-Claire
5	° **le mistral** [mistral]		° der Mistral *(kalter Nord- oder Nordwestwind in der Provence)*
	l'ouest *(m)* [lwɛst]	Brest est à *l'ouest* de Paris.	der Westen
	le nord-ouest [nɔrwɛst]	Le mistral vient du nord ou *du nord-ouest.*	der Nordwesten

B Les points jaunes . . .

un point [pwɛ̃]	ce qu'on met sur un «i», p.ex.	ein Punkt
un chemin [ʃmɛ̃]	une très petite route	ein Weg
Castellet [kastəlɛ]	un village situé dans le Lubéron	Castellet
le Mourre Nègre [murnɛgr]	le point le plus haut du Lubéron	der Mourre Nègre *(höchster Berg des Lubéron: 1125 m)*
° **les broussailles** *(f)* [brusaj]		° das Gestrüpp
employer qc [ɑ̃plwaje]	*j'emploie, nous employons, ils emploient; j'ai employé;* se servir de qc	etw. gebrauchen/anwenden
° **une machette** [maʃɛt]		° eine Machete/ein Buschmesser
couper qc	ce qu'on fait avec un couteau	schneiden/*hier:* abschlagen
° **une balise**		° eine Markierung

la peinture [pɛ̃tyr]	Pour faire les balises, on emploie de *la peinture.*	die Farbe *(zum Streichen)*
°**baliser qc**		°etw. markieren
un arbre	Quand le soleil est très chaud, on se met sous *un arbre.*	ein Baum
tourner	Le chemin *tourne:* il y a un virage.	abbiegen
chacun [ʃakɛ̃], **chacune** [ʃakyn]	*Chacun* sait qu'il ne faut pas aller dans la montagne avec des chaussures légères.	jeder/jede/jedes *(als Pronomen)*
l'est *(m)* [lɛst]	Strasbourg est à *l'est* de Paris.	der Osten
le sud-est [sydɛst]	Castellet est au *sud-est* d'Apt.	der Südosten
devenir qc	*je deviens, nous devenons, ils deviennent; je suis devenu(e);* A cet endroit, la route *devient* un chemin.	zu etw. werden
°**un sentier** [sɑ̃tje]		°ein Pfad
à grands coups de machette	Ils ouvrent le chemin *à grands coups de machette.*	mit kräftigen Machetenhieben
en haut de	au point le plus haut de	auf dem Gipfel von
il/elle voudrait	→ je voudrais	er/sie möchte
Sivergues [sivɛrg]	un village situé dans le Lubéron	Sivergues
A tout à l'heure!	– Bon. On se retrouve ici dans une heure, d'accord? – Oui. *A tout à l'heure!*	Bis gleich/später!

C ... et les points rouges

plus de sentier! [plydsɑ̃tje]	Le sentier s'est perdu sous les broussailles: *plus de sentier!*	kein Pfad mehr!
°**une vipère** [vipɛr]		°eine Viper/(Kreuz)Otter
être blanc/blanche de peur	être blanc/blanche parce qu'on a peur	weiß vor Angst sein
se mettre à faire qc	commencer tout à coup à faire qc	(plötzlich) anfangen, etw. zu tun
courir [kurir]	*je cours, nous courons, ils courent; j'ai couru* aller très vite	rennen/laufen
°**faire un garrot à qn** [garo]		°jdm. ein Körperglied abbinden
le dos [do]	Denis a chargé Stéphanie sur *son dos.*	der Rücken
°**à la machette**	avec la machette	°mit der Machete
°**la sueur** [sɥœr]		°der Schweiß
°**être couvert/couverte de sueur**		°von Schweiß bedeckt sein
amener qn chez qn	*j'amène, nous amenons, ils amènent; j'ai amené;* M. Rioux *a amené* Stéphanie chez le médecin.	jdn. zu jdm. bringen
°**piquer**	Une vipère *a piqué* Stéphanie.	°beißen *(bei einer Schlange)*
Oh là là!	ce qu'on dit, p.ex., quand qn s'est fait très mal	Ach je!/Oje!
un docteur [dɔktœr], **une doctoresse**	un médecin/une femme médecin	ein Arzt/eine Ärztin
Murat [myra]	un nom de famille	Murat
°**faire une piqûre à qn** [pikyr]		°jdm. eine Spritze geben

	le danger [dɑ̃ʒe]	Le docteur a fait une piqûre à Stéphanie: il n'y a plus de *danger;* elle n'est plus en *danger.*	die Gefahr
	en vouloir à qn	être en colère contre qn; Je *t'en ai voulu longtemps,* mais maintenant, je ne *t'en veux* plus.	jdm. böse sein

Exercices

2	**un jeu, des jeux**	→ jouer	ein Spiel, Spiele
	les Alpes-de-Haute-Provence	Elles sont situées dans le Midi.	*Departement in Südfrankreich*
4	**Duc** [dyk]	un nom de famille	Duc
	un hôpital [ɛ̃nɔpital]	Quand qn est très malade, on l'amène à *l'hôpital.*	ein Krankenhaus
	Isabelle [izabɛl]	un nom de fille	Isabella
5	**une course**	→ courir	ein Wettlauf/ Wettrenne
	°**un âne** [an]		° ein Esel
	°**une course aux ânes**		° ein Eselrennen
	°**un cavalier** [kavalie], **une cavalière**		° ein Reiter/eine Reiterin
	jouer de l'argent	donner de l'argent et dire: «C'est le n° 5 qui va arriver le premier.»	wetten/Geld einsetzen
6	**Clermont-Ferrand** [klɛrmɔ̃fɛrɑ̃]	deux villes situées dans le centre de la France	Clermont-Ferrand
	Limoges [limɔʒ]		Limoges
7	**à la campagne** [kɑ̃paɲ]	Les agriculteurs vivent *à la campagne.*	auf dem Land
	Castelli [kastɛli]	un nom de famille	Castelli
	un potier [pɔtje], **une potière**	qn qui fait de la poterie (comme métier)	ein Töpfer/eine Töpferin
	Je suis de ton avis.	Je pense comme toi.	Ich bin deiner Meinung.

‹Les marchés de Provence›

tout au long des marchés de Provence	überall entlang der Märkte in der Provence
le fenouil [fənuj]	der Fenchel
le céleri [sɛlri]	der/die Sellerie
il y a des parfums [parfɛ̃] **de fenouil, melons et céleris**	es riecht nach Fenchel, Melone und Sellerie
par-ci par-là	hier und da
un gosse, une gosse *(fam)* [gɔs]	ein Kind *(ugs)*
en ribambelle *(f)* [ribɑ̃bɛl]	in großen Mengen
franchir [frɑ̃ʃir]	überqueren/überschreiten
. . . moi qui en ribambelle ai franchi des pays que je ne voyais pas	*etwa:* ich, der ich durch so viele Länder gekommen bin, ohne sie zu sehen
j'ai hâte *(f)* [ʒeɑ̃t]	ich habe es eilig
au point du jour	bei Tagesanbruch
un pas, des pas [pa]	ein Schritt, Schritte
émerveillé,e [emɛrvɛje]	verzaubert; *hier:* fröhlich/heiter/aufgeschlossen
rire [rir] je ris [ri] nous rions [rijɔ̃] ils rient [ri]	lachen

s'interpeller [sɛ̃tɛrpəle]	sich gegenseitig etw. zurufen
le thym [tɛ̃]	der Thymian
la garrigue [garig]	*Heidelandschaft in Südfrankreich*
le safran [safrɑ̃]	der Safran *(Gewürz)*
une figue [fig]	eine Feige
une pêche [pɛʃ]	ein Pfirsich
un plateau de pêches	eine Kiste Pfirsiche
un abricot [abriko]	eine Aprikose
l'estragon *(m)* [lɛstragõ]	der Estragon
l'échalote *(f)* [leʃalɔt]	die Schalotte; *hier:* Schalotten *(kleine Zwiebeln)*
Marie Charlotte [mariʃarlɔt]	*weibl. Vorname*
un bouquet [bukɛ]	ein Strauß
un œillet [œjɛ]	eine Nelke *(Blume)*
par-dessus tout ça [pardəsy]	obendrein
une étrenne [etrɛn]	ein Neujahrsgeschenk
en étrenne	*hier:* als Geschenk
un accent [aksɑ̃]	ein Akzent
qui se promène	*hier:* den man überall hört
qui n'en finit pas	*hier:* den man ständig hört
Gilbert Bécaud [ʒilbɛrbeko]	*frz. Sänger*

Le masculin et le féminin des adjectifs

● *Une seule forme*

agréable	angenehm
bête	dumm
calme	ruhig
drôle	lustig/seltsam
énorme	enorm
formidable	toll
jaune	gelb
jeune	jung
libre	frei
malade	krank
moderne	modern
possible	möglich
rouge	rot
simple	einfach
sympathique	sympathisch
triste	traurig
typique	typisch

● *Deux formes*

absolu,e	absolut
bleu,e	blau
connu,e	bekannt
demi,e	halb
fatigué,e	müde
joli,e	hübsch
vrai,e	wahr
cher, -ère	lieb/teuer
meilleur,e	besser
noir,e	schwarz
sûr,e	sicher
égal,e	gleich
familial,e	Familien-
national,e	national
seul,e	einzig/allein
blond,e	blond
chaud,e	warm
froid,e	kalt
grand,e	groß
court,e	kurz
haut,e	hoch
parfait,e	perfekt
petit,e	klein
vert,e	grün
complet, -ète	vollbesetzt
inquiet, -ète	beunruhigt
violet, -ette	violett
naturel, -elle	natürlich
gris,e	grau
mauvais,e	schlecht
surpris,e	überrascht
gros,se [gro, gros]	dick/groß
amoureux, -euse	verliebt
curieux, -euse	neugierig/seltsam
heureux, -euse	glücklich
content,e	zufrieden
intéressant,e	interessant
méchant,e	böse/bösartig
bon, bonne	gut
brun, brune	braun/dunkelhaarig
plein, pleine	voll
voisin, voisine	Nachbar-/benachbart
dernier, -ière	letzte(r/s)
premier, -ière	erste(r/s)
léger, -ère	leicht
gentil,le [ʒɑ̃ti, ʒɑ̃tij]	nett
blanc, blanche	weiß
frais, fraîche	frisch
long, longue	lang
sportif, -ive	sportlich

● *Trois formes*

beau, bel, belle schön **nouveau, nouvel, nouvelle** neu **vieux, vieil, vieille** alt

● *Attention au pluriel!*

un anorak **gris**	**des** anoraks **gris**
un garçon **amoureux**	**des** garçons **amoureux**
un beau pull	de beau**x** pulls

● *Invariable (Unveränderlich)*

orange	orange(farben)
chic	schick
bon marché	billig
sympa	sympathisch
snob	snobistisch
bleu/vert/ … foncé	dunkelblau/-grün/- …
bleu/vert/ … clair	hellblau/-grün/- …

● *Attention à la place!*

Les adjectifs grand, gros, petit, haut, jeune, vieux, nouveau, bon, meilleur, mauvais, beau, joli, cher («lieb») *sont placés le plus souvent avant le nom.*

Mais: long, court
un long/court moment – une jupe longue/courte

Leçon 8

‹Week-end international à Rouen›

La formation du futur simple

verbes en -er	*verbes en -dre*	*verbes en -ir*	*finir*
je porte**rai**	je rend**rai**	je parti**rai**	je fini**rai**
tu porte**ras**	tu rend**ras**	tu parti**ras**	tu fini**ras**
il porte**ra**	il rend**ra**	il parti**ra**	il fini**ra**
nous porte**rons**	nous rend**rons**	nous parti**rons**	nous fini**rons**
vous porte**rez**	vous rend**rez**	vous parti**rez**	vous fini**rez**
ils porte**ront**	ils rend**ront**	ils parti**ront**	ils fini**ront**

prendre	*avoir*	*être*	*pouvoir*
je prend**rai**	j' **aurai**	je **serai**	je **pourrai**
tu prend**ras**	tu **auras**	tu **seras**	tu **pourras**
il prend**ra**	il **aura**	il **sera**	il **pourra**
nous prend**rons**	nous **aurons**	nous **serons**	nous **pourrons**
vous prend**rez**	vous **aurez**	vous **serez**	vous **pourrez**
ils prend**ront**	ils **auront**	ils **seront**	ils **pourront**

Le verbe employé avec deux pronoms objets

1. – Ton frère te donne son magnétophone?	– Oui, il	**me**	**le**	donne.	
– Tu me donnes ta mobylette?	– Oui, je	**te**	**la**	donne.	
– Luc s'offre la raquette de tennis?	– Oui, il	**se**	**l'**	offre.	
– Jean vous donne les boules?	– Non, il **ne**	**nous**	**les**	donne	**pas.**
– Tu nous montres tes photos?	– Non, je **ne**	**vous**	**les**	montre	**pas.**

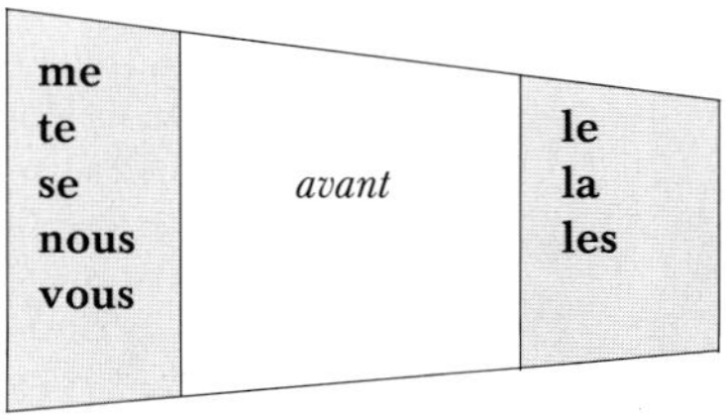

objet indirect — *objet direct*

2. – Tu lui donnes son cadeau?	– Oui, je	**le**	**lui**	donne tout de suite.
– Tu ne leur envoies pas la recette?	– Non, je **ne**	**la**	**leur**	envoie **pas.**
– Tu leur as montré les photos?	– Oui, je	**les**	**leur**	ai montrées.
– Tu veux bien lui montrer sa chambre?	– Oui, je vais	**la**	**lui**	montrer tout de suite.
– Tu ne lui montres pas ta nouvelle mobylette?	– Non, je **ne** veux **pas**	**la**	**lui**	montrer maintenant.

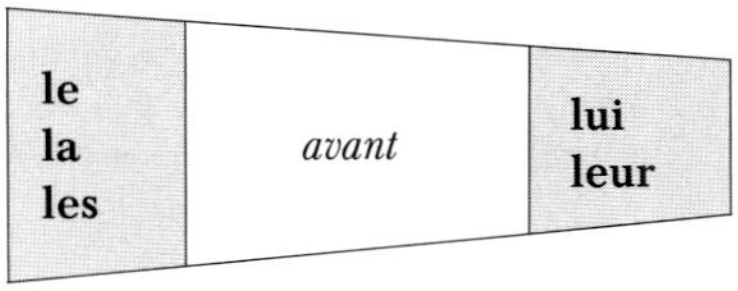

objet direct — *objet indirect*

international,e [ɛ̃tɛrnasjɔnal] (*plur:* internationaux, internationales)	international
la venue	das Kommen/Eintreffen
Hanovre [anɔvr]	Hannover
Norwich [nɔrwitʃ]	*Stadt in Ostengland*
jumeau [ʒymo], **jumelle** [ʒymɛl] (*plur:* jumeaux, jumelles)	Zwillings-
une ville jumelle	eine Partnerstadt
un invité, une invitée	ein Gast *(m/f)*
loger chez qn [lɔʒe]	bei jdm. (vorübergehend) wohnen/untergebracht sein

loger qn	jdn. beherbergen/ (bei sich) unterbringen
un défilé	eine Parade/ein Festzug
une fanfare [fɑ̃far]	eine Blaskapelle
une majorette [maʒɔrɛt]	eine Majorette *(Mädchen einer Ehrengarde/Tanzgarde)*
folklorique	folkloristisch/Volks-
classique	klassisch
un orchestre [ɔrkɛstr]	ein Orchester
si	wenn/falls
à travers la ville [atravɛr]	(quer) durch die Stadt
un athlète [atlɛt], **une athlète**	ein(e) Leichtathlet(in)
le football [futbol]	der Fußball
le rugby [rygbi]	das Rugby
la gymnastique [ʒimnastik]	das Turnen
le judo [ʒydo]	das Judo
un maire, une femme maire	ein Bürgermeister, eine Bürgermeisterin
une mairie	ein Rathaus
une délégation [delegasjɔ̃]	eine Delegation/ Vertretung
avoir lieu [ljø]	stattfinden
une toile	ein Gemälde
la Halle aux Toiles [laalotwal]	*Gebäude in Rouen mit Sälen für Kunstausstellungen und Konferenzen*
le jazz [dʒaz]	der Jazz
permettre qc à qn je permets, nous permettons, ils permettent; j'ai permis	jdm. etw. erlauben
un Rouennais [rwanɛ], **une Rouennaise** [rwanɛz]	ein(e) Einwohner(in) von Rouen
une occasion [ɔkazjɔ̃]	eine Gelegenheit
cette fois-ci	diesmal
abandonner	aufgeben
un violoniste [vjɔlɔnist], **une violoniste**	ein(e) Geigenspieler(in)
un échange [eʃɑ̃ʒ]	ein Austausch
se faire des amis	Freundschaften schließen
vachement *(fam)* [vaʃmɑ̃]	sehr *(ugs)*
réussi,e [reysi]	gelungen
une commune [kɔmyn]	eine Stadt/Gemeinde
la commune de Rouen	die Stadt Rouen
être jumelé,e avec [ʒymle]	eine Partnerschaft haben mit *(bei Städten)*
une visite	ein Besuch
une horloge [ynɔrlɔʒ]	eine (öffentliche) Uhr/ Turmuhr
le Gros-Horloge [grozɔrlɔʒ]	*berühmter Uhrturm in Rouen*

‹Chansons et poèmes›

Madeleine [madlɛn]	*weibl. Vorname*
le lilas [lila]	der Flieder
on prendra le tram [prɑ̃dralətram]	wir werden die Straßenbahn nehmen
Eugène [øʒɛn]	*männl. Vorname (hier: Name eines Restaurants)*
tant	so sehr
Noël *(m)* [nɔɛl]	Weihnachten
même qu'elle est trop bien pour moi	sie ist sogar zu gut für mich
Joël [ʒɔɛl]	*männl. Vorname*
on ira [ɔ̃nira]	wir werden gehen
je dirai [dirɛ]	ich werde sagen
l'horizon *(m)* [lɔrizɔ̃]	der Horizont
je pourrai [purɛ]	ich werde können
jeter [ʒəte] je jette [ʒɛt] nous jetons [ʒətɔ̃] ils jettent [ʒɛt] j'ai jeté	wegwerfen

elle viendra [vjɛ̃dra]	sie wird kommen
s'en aller [sɑ̃nale]	weggehen/abfahren
l'espoir *(m)* [lɛspwar]	die Hoffnung
Gaspard [gaspar]	*männl. Vorname*
C'est fichu [fiʃy] **pour ...** *(fam)*	Mit ... ist nichts mehr.
Elle est pourtant ... [purtɑ̃]	Und doch ist sie ...
j'attendrai [ʒatɑ̃drɛ]	ich werde warten
je rapporterai [rapɔrtrɛ]	ich werde wieder bringen
elle aimera [ɛmra]	sie wird mögen
Tant pis si ... [tɑ̃pisi]	Es macht nichts, daß ...
Jacques Brel [ʒakbrɛl]	*belgischer Komponist, Texter und Sänger (1929–1978)*
un nuage [nɥaʒ]	eine Wolke
du haut d'un nuage	von einer Wolke aus
l'argile *(f)* [larʒil]	der Ton/Lehm
Dieu [djø]	Gott
contempler [kõtɑ̃ple]	betrachten
être mécontent de qc	mit etw. nicht zufrieden sein
un zèbre [zɛbr]	ein Zebra
saint Rémy [sɛ̃remi]	der heilige Remigius
tenir une liste	eine Liste/Buch führen
ressembler à qn [rəsɑ̃ble]	jdm. ähnlich sehen
un cheval, des chevaux [ʃval, ʃvo]	ein Pferd, Pferde
rayer qc [rɛje]	1. etw. (aus einer Liste) streichen/durchstreichen 2. etw. mit Streifen/Linien versehen
Pierre Ferran [fɛrɑ̃]	*frz. Schriftsteller*
l'automne *(m)* [lõtɔn]	der Herbst
un colchique [kɔlʃik]	eine Herbstzeitlose
un pré	eine Wiese
fleurir [flœrir] il fleurit ils fleurissent	blühen
la fin [fɛ̃]	das Ende
l'été *(m)*	der Sommer
une feuille [fœj]	ein Blatt

emporté par le vent [ɑ̃pɔrte]	*hier:* vom Wind vom Baum geweht
en ronde monotone *(f)* [ɑ̃rõdəmɔnɔtɔn]	in eintönigem/gleichförmigem Reigen
tourbillonner [turbijɔne]	wirbeln
en tourbillonnant [ɑ̃turbijɔnɑ̃]	wirbelnd
une châtaigne [ʃatɛɲ]	eine Kastanie
le bois [bwa]	1. das Holz 2. der Wald
se fendre [fɑ̃dr] il se fend ils se fendent	bersten/platzen
un pas [pa]	ein Schritt
le ciel [sjɛl]	der Himmel
s'étirer [setire]	sich auseinanderziehen
une aile [ɛl]	ein Flügel
un chant [ʃɑ̃]	ein Lied/Gesang/eine Melodie
un cœur [kœr]	ein Herz
murmurer [myrmyre]	murmeln/säuseln/leise klingen
le bonheur [bɔnœr]	das Glück *(Gefühl)*
doucement [dusmɑ̃]	sanft *(adv)*
Arthur Rimbaud [artyrrɛ̃bo]	*frz. Dichter (1854–1891)*
la langueur [lɑ̃gœr]	das Sehnen/die Wehmut
pénétrer [penetre]	ein-/durchdringen
doux [du], **douce** [dus]	sanft/süß
la pluie [plɥi]	der Regen
sans raison *(f)* [rɛzõ]	ohne Grund
s'écœurer [sekœre]	sich (selbst) anekeln
nul,nulle [nyl]	kein(e)/keinerlei
la trahison [traizõ]	der Verrat/die Untreue
le deuil [dœj]	die Trauer
la pire peine [pirpɛn]	das ärgste Leid/der schlimmste Schmerz
l'amour *(m)*	die Liebe
la haine [laɛn]	der Haß
tant de	so viel(e)
Paul Verlaine [pɔlvɛrlɛn]	*frz. Dichter (1844–1896) enger Freund Arthur Rimbauds*

Annexe

Die Wörter und Wendungen des *Annexe* sind fakultativ. Sie werden weder in den jeweils folgenden Lektionen des obligatorischen Teils noch des *Annexe* als bekannt vorausgesetzt.

Annexe Leçon 1

une annexe [anɛks]	ein Anhang

Ecrire une lettre à des amis

à l'aller	auf der Hinfahrt
Guyon [gɥijõ]	*Familienname*
Victor Hugo [viktɔrygo]	*frz. Schriftsteller (1802–1885)*
un adulte, une adulte	ein Erwachsener, eine Erwachsene
terminer qc	etw. beenden

Ecrire une lettre officielle

officiel,-le [ɔfisjɛl]	offiziell/Amts-
un directeur, une directrice	ein(e) Leiter(in)
un office de/du tourisme	ein Verkehrsbüro/ Verkehrsverein
la place Bellecour	*großer Platz in Lyon*
cela [sla]	das/dies
par jour	pro Tag
un camping	ein Campingplatz
remercier qn de qc [rəmɛrsje]	jdm. für etw. danken
d'avance	im voraus
prier qn de faire qc [prije]	jdn. (höflich) bitten, etw. zu tun
croire à qc [krwar] je crois [krwa] nous croyons [krwajõ] ils croient [krwa] il a cru	an etw. glauben
un sentiment [sɑ̃timɑ̃]	ein Gefühl
Je vous prie de croire à mes sentiments distingués.	Mit freundlichen Grüßen *(am Briefende)*
le 9 ct (le 9 courant)	der 9. des (laufenden) Monats (d.M.)
ci-joint [siʒwɛ̃]	beigefügt/als Anlage
s'adresser à	sich wenden an
une fédération [federasjõ]	ein Bund/Verband
le caravaning [karavaniŋ]	das Reisen mit dem Wohnwagen
la rue de Rivoli	*Straße in Paris*
Recevez ...	Empfangen Sie ...
une expression [ɛksprɛsjõ]	ein Ausdruck
le meilleur [mɛjœr], **la meilleure, les meilleur(e)s**	der beste, die beste, die besten
un ordre	ein Auftrag
p. o. (par ordre)	i. A. (im Auftrag)
Lafont [lafõ]	*Familienname*
un président [prezidɑ̃], **une présidente** [prezidɑ̃t]	ein(e) Präsident(in)/ Vorsitzende(r)
agréer qc [agree]	etw. entgegennehmen
vous aimeriez	Sie möchten/ihr möchtet (gern)
de préférence [preferɑ̃s]	vorzugsweise
la documentation [dɔkymɑ̃tasjõ]	Informationsmaterial *(Prospekte etc.)*
le/la même	der-/die-/dasselbe

Compréhension orale

une réservation [rezɛrvasjõ]	eine Reservierung
par téléphone	telefonisch
une information [ɛ̃fɔrmasjõ]	eine Information
important,e [ɛ̃pɔrtɑ̃,ɑ̃t]	wichtig
réserver	reservieren
une date [dat]	ein Datum
la réception [resɛpsjõ]	der Empfang *(im Hotel)*
un groupe [grup]	eine Gruppe

Annexe Leçon 2

Voyages, rencontres, échanges

un échange [eʃɑ̃ʒ]	ein Austausch
un séjour	ein Aufenthalt
quelques [kɛlk]	einige
un correspondant [kɔrɛspɔ̃dɑ̃], **une correspondante** [kɔrɛspɔ̃dɑ̃t]	ein(e) Briefpartner(in)
une organisation [ɔrganizasjɔ̃]	eine Organisation
un séjour linguistique [lɛ̃gɥistik]	ein Sprachaufenthalt
loger	(vorübergehend) wohnen
un hôte payant [ɛ̃notpɛjɑ̃]	ein Gast, der für die Unterkunft und die Verpflegung bezahlt
une ville allemande est jumelée avec une ville française [ʒɥmle]	eine deutsche Stadt hat eine französische Partnerstadt
une mairie [mɛri]	ein Rathaus/ Bürgermeisteramt
une commune [kɔmyn]	eine Stadt/Gemeinde
sportif [spɔrtif], **sportive** [spɔrtiv]	sportlich/Sport-
culturel, -le [kyltyrɛl]	kulturell
un camarade [kamarad], **une camarade**	ein(e) Kamerad(in)/ Schulfreund(in)
organiser	organisieren
avec lui	mit ihm
pour terminer	zum Schluß
utile	nützlich
un office	ein Büro
franco-allemand [frɑ̃koalmɑ̃], **franco-allemande**	französisch-deutsch
la rue Casimir-Delavigne [kazimirdəlaviɲ]	*Straße in Paris*
encourager qc	etw. fördern

Compréhension orale

une réduction [redyksjɔ̃]	eine Ermäßigung
un groupe	eine Gruppe
le tarif «mini-groupe»	der ermäßigte Fahrpreis für Kleingruppen
25 % (pour cent)	25 %
une période [perjɔd]	ein Zeitraum
noter	notieren
toute l'année *(f)*	das ganze Jahr über
une agence de voyages [aʒɑ̃sdəvwajaʒ]	ein Reisebüro
l'identité *(f)* [lidɑ̃tite]	die Identität
une pièce d'identité	ein Ausweis(papier)

Annexe Leçon 3

Compréhension orale

la circulation [sirkylasjɔ̃]	der Verkehr
un Parisien [parizjɛ̃], **une Parisienne** [parizjɛn]	ein(e) Pariser(in)
assez	ziemlich, recht
dans la région parisienne	im Raum Paris
difficile [difisil]	schwierig/schwer
un accident [aksidɑ̃]	ein Unfall
un bouchon	*hier:* ein Verkehrsstau
Mantes-la-Jolie [mɑ̃tlajɔli]	*Stadt bei Paris*
un ralentissement [ralɑ̃tismɑ̃]	*hier:* ein zähflüssiger Verkehr
Rocquencourt [rɔkɑ̃kur]	*Stadt bei Paris*
un tunnel [tynɛl]	ein Tunnel
St-Cloud [sɛ̃klu]	*Vorort von Paris*
un journaliste, une journaliste	*hier:* ein(e) Rundfunksprecher(in)
s'adresser à qn	sich an jdn. wenden
la météo [meteo]	der Wetterbericht
la neige	der Schnee
l'Est *(m)* [lɛst]	der Osten von Frankreich

surtout	vor allem/besonders
Ste-Marie-aux-Mines [sɛ̃tmariomin]	*Städte im Elsaß*
Ensisheim [ɑ̃zisaim]	*Städte im Elsaß*
Mulhouse [myluz]	*Städte im Elsaß*
dangereux [dɑ̃ʒrø], **dangereuse** [dɑ̃ʒrøz]	gefährlich
bloquer	blockieren/sperren
un message [mɛsaʒ]	eine Nachricht/ Botschaft
personnel, -le [pɛrsɔnɛl]	persönlich
un message personnel	*hier:* ein Reiseruf
à bord d'une Citröen CX [sitrɔɛnseiks]	*hier:* unterwegs mit einem Citröen CX
immatriculé,e [imatrikyle]	mit dem polizeilichen Kennzeichen
un numéro d'immatriculation [imatrikylasjõ]	ein polizeiliches Kennzeichen
Perpignan [pɛrpiɲɑ̃]	*Stadt in Frankreich*
être prié de faire qc	gebeten werden, etw. zu tun

Révision de grammaire 1

1 **traduire** [tradɥir]	übersetzen
je traduis [tradɥi] nous traduisons [tradɥizõ] ils traduisent j'ai traduit [tradɥi]	
2 **un commissaire** [kɔmisɛr]	ein Kommissar
Jules [ʒyl]	*männl. Vorname*

Annexe Leçon 4

Vœux et félicitations

un vœu [vø], des vœu**x** [vø]	ein (guter) Wunsch, Wünsche
des félicitations [felisitasjõ]	Glückwünsche/ Gratulationen
Noël *(m)* [nɔɛl]	Weihnachten
joyeux [ʒwajø], **joyeuse** [ʒwajøz]	fröhlich
souhaiter qc à qn [swɛte]	jdm. etw. wünschen
le Nouvel An	Neujahr
une année [ane]	ein Jahr *(in seinem Verlauf gesehen)*
un mariage [marjaʒ]	eine Hochzeit
le bonheur [bɔnœr]	das Glück *(Gefühl)*
présenter qc à qn [prezɑ̃te]	jdm. etw. präsentieren/ darbieten
une naissance [nɛsɑ̃s]	eine Geburt
Recevez ...	Empfangen Sie ...
prompt [prõ], **prompte** [prõt]	schnell/rasch
un rétablissement [retablismɑ̃]	eine Genesung

Image

Pâques *(f, plur)* [pak]	Ostern
Bonne fête!	Alles Gute zum Namenstag!
Rayez la mention [rɛjelamɑ̃sjõ] **inutile.**	Nichtzutreffendes streichen!

Le calendrier

un calendrier [kalɑ̃drije]	ein Kalender
la Pentecôte [pɑ̃tkot]	Pfingsten
la Toussaint [tusɛ̃]	Allerheiligen
la Saint-Sylvestre [sɛ̃silvɛstr]	Silvester
le printemps [prɛ̃tɑ̃]	der Frühling/das Frühjahr
au printemps	im Frühjahr
l'été *(m)*	der Sommer
en été	im Sommer
l'automne *(m)* [lotɔn]	der Herbst
en automne	im Herbst
l'hiver *(m)* [livɛr]	der Winter
en hiver	im Winter
se terminer	enden/aufhören
durer	(an)dauern

Compréhension orale

la fin	das Ende
un arbre	ein Baum
l'Avent *(m)* [lavɑ̃]	der Advent
Ça existe. [saɛgzist]	Das gibt es.

la messe de minuit [mɛsdəminɥi]	die Mitternachtsmesse
un jour férié [ferie]	ein (gesetzlicher) Feiertag
le Jour de l'An	Neujahr
un feu d'artifice, des feu**x** d'artifice [fødartifis]	ein Feuerwerk, Feuerwerke
une fusée [fyze]	eine Rakete
lancer des fusées	Raketen abfeuern/ in die Luft schießen

Annexe Leçon 5

Compréhension orale

un poste de secours [pɔstədəsəkur]	eine Rettungsstation
Merlette [mɛrlɛt]	*Skiort in den frz. Alpen*
le Paravar [paravar]	*Name eines Berges*
le danger [dɑ̃ʒe]	die Gefahr
en danger	in Gefahr
les jumelles *(f)* [ʒymɛl]	das Fernglas
bouger	sich bewegen
un hélicoptère [ɛ̃nelikɔptɛr]	ein Hubschrauber
un pilote [pilɔt]	ein Pilot, eine Pilotin
un docteur [dɔktœr], **une doctoresse** [dɔktɔrɛs]	ein Arzt, eine Ärztin
Lagrange [lagrɑ̃ʒ]	*Familienname*
un type *(fam)* [tip]	ein Typ *(ugs)*
se poser	*hier:* landen
un plateau, des plateau**x**	eine Hochebene/ein Plateau, Hochebenen
facile [fasil]	einfach/leicht
une jambe [ʒɑ̃b]	ein Bein
fou, folle [fɔl]	verrückt
amener qn [amne]	jdn. herbringen
transporter qn [trɑ̃spɔrte]	jdn. transportieren
un hôpital [ɛ̃nɔpital], des hôpit**aux** [dezɔpito]	ein Krankenhaus, Krankenhäuser
Gap [gap]	*Stadt in den frz. Alpen*
Ribaud [ribo]	*Familienname*
o.k.	O.K.

Annexe Leçon 6

Panneaux qu'il faut connaître

un panneau [pano], des panneau**x**	ein Verkehrsschild, Verkehrsschilder
un danger [dɑ̃ʒe]	eine Gefahr
la priorité [prijɔrite]	die Vorfahrt
une zone [zon]	eine Zone
un disque	*hier:* eine Parkscheibe
obligatoire [ɔbligatwar]	erforderlich/unbedingt notwendig
stationner [stasjɔne]	parken
le stationnement [stasjɔnmɑ̃]	das Parken
alterné,e [altɛrne]	abwechselnd *(auf der einen und dann auf der anderen Straßenseite)*
semi-mensuel, -le [səmimɑ̃sɥɛl]	halbmonatlich
se rapporter à qc	sich auf etw. beziehen
un côté [kote]	eine Seite

Un accident de voiture

un accident [aksidɑ̃]	ein Unfall
un carrefour [karfur]	eine (Straßen) Kreuzung
un stop [stɔp]	ein Stopschild
rentrer dans qc	*hier:* auf etw. auffahren
être en tort *(m)* [tɔr]	im Unrecht sein
blessé,e [blɛse]	verletzt
transporter [trɑ̃spɔrte]	transportieren
un hôpital [ɛ̃nɔpital], des hôpit**aux** [dezɔpito]	ein Krankenhaus, Krankenhäuser
une ambulance [ɑ̃bylɑ̃s]	ein Krankenwagen

La mobylette

la vitesse [vitɛs]	die Geschwindigkeit
un vélo	ein Fahrrad
un dictionnaire [diksjɔnɛr]	ein Wörterbuch

Compréhension orale

Quel parfum? [parfɛ̃]	*hier:* Welcher Geschmack? *(bei Eiskrem)*
un accent [aksɑ̃]	ein Akzent
une baguette	*ein frz. Weißbrot (Stangenbrot)*
autour de [otur]	um … herum

Annexe Leçon 7

Le 14-Juillet

Louis XVI [lwisɛz]	Ludwig XVI. *(1754–1793; frz. König ab 1774; 1793 während der Frz. Revolution enthauptet)*
un roi [rwa], **une reine** [rɛn]	ein König, eine Königin
la politique	die Politik
la chasse [ʃas]	die Jagd
la serrurerie [seryrri]	das Schlosserhandwerk
surtout	vor allem
l'été *(m)* [lete]	der Sommer
le peuple [pœpl]	das Volk
dépenser [depɑ̃se]	ausgeben
une armée	eine Armee
éclater [eklate]	platzen; *hier:* zum Ausbruch kommen
la Bastille [bastij]	die Bastille *(ehemaliges Staatsgefängnis in Paris)*
une foule	eine Menschenmenge
une prison [prizɔ̃]	ein Gefängnis
un symbole [sɛ̃bɔl]	ein Symbol
la monarchie [mɔnarʃi]	die Monarchie
s'installer [sɛ̃stale]	*hier:* Stellung beziehen
un canon [kanɔ̃]	eine Kanone
un commandant [kɔmɑ̃dɑ̃]	ein Kommandant
Bernard de Launay [lonɛ]	*Kommandant der Bastille; er wurde nach der Einnahme der Bastille vom Volk getötet.*
faire tirer sur qn	auf jdn. schießen lassen
un soldat [sɔlda], **une soldate** [sɔldat]	ein Soldat, eine Soldatin
résister [reziste]	Widerstand leisten
la prise de la Bastille	der Sturm auf die Bastille
important,e [ɛ̃pɔrtɑ̃, ɛ̃pɔrtɑ̃t]	wichtig
la Révolution française [revɔlysjɔ̃]	die Französische Revolution
un défilé militaire [militɛr]	eine Militärparade
les Champs-Elysées *(m)* [ʃɑ̃zelize]	die Champs-Elysées *(Prachtstraße in Paris)*
l'air *(m)* [lɛr]	die Luft
en plein air [ɑ̃plɛnɛr]	im Freien
une course cycliste [siklist]	ein Radrennen
un concours [kɔ̃kur]	ein Wettkampf
la pétanque [petɑ̃k]	*in Südfrankreich entstandene Variante des Boulespiels*
avoir la possibilité de faire qc [pɔsibilite]	die Möglichkeit haben, etw. zu tun
une forêt [fɔrɛ]	ein Wald
un feu d'artifice [fødartifis], des feu**x** d'artifice	ein Feuerwerk, Feuerwerke
un bal, des bals [bal]	eine Tanzveranstaltung, Tanzveranstaltungen

Compréhension orale

St-Rémy [sɛ̃remi]	*Stadt in der Provence*
la Porte St-Michel	*Stadttor in Avignon*
traverser [travɛrse]	überqueren
compliqué,e [kɔ̃plike]	kompliziert
Ce n'est pas compliqué du tout.	Das ist überhaupt nicht kompliziert.

Révision de grammaire 3

1 **accompagner qn** [akõpaɲe] jdn. begleiten
2 **une église** [egliz] eine Kirche

la Sainte-Chapelle [sɛ̃tʃapɛl] *gotische Kirche in Paris, erbaut 1242–1248 unter Ludwig dem Heiligen*
jouer au rugby [rygbi] Rugby spielen

Liste des mots

- Die Zahlen verweisen auf das erstmalige Vorkommen der Wörter, z. B. **hôpital** *m* **7 B/C** 63,4 = Leçon 7 B/C, Seite 63, Exercice 4.
- *m* = masculin; *f* = féminin.
- Das Zeichen ° vor einer Lektionsangabe bedeutet, daß das Wort zum rezeptiven Wortschatz zählt. Es wird in den folgenden Lektionen nicht als bekannt vorausgesetzt. Wird das Wort in einer späteren Lektion auch produktiv eingeführt, so erfolgt eine neue Lektionsangabe.
- Wörter in Winkelklammern ‹ › kommen in fakultativen Stücken vor. Sie werden in nachfolgenden Lektionen ebenfalls nicht als bekannt vorausgesetzt.
- Die Wörter und Wendungen der *Chansons et poèmes* werden in dieser Liste nicht berücksichtigt.

A

à
Il est à toi. **3 B** 28,6
Rien à déclarer? **3 B** 24
à deux étages **5 A** 41,3
à grands coups de machette **7 B** 60
à la machette **7 C** 61
boire à la bouteille **°2 B** 20,6
à cause de **5 B** 42
à ce moment **2 B** 17
à un moment **2 A** 16,3
au bout de . . . **5 B** 43
à l'arrière **5 B** 42
à 10 kilomètres de . . . **2 A** 14
‹à travers la ville **8** 66›
au(x) + *Land* **3 A** 22
au + *Stadt* **3 A** 22
A tout à l'heure! **7 B** 60
A votre santé! – A la vôtre! **4 B** 34
‹**abandonner 8** 66›
abeille *f* **°7 A** 56
absolument 7 A 57
addition *f (Rechnung)* **4 B** 34
L'addition, s.v.p.! **4 B** 34
affaire *f*
Finissons cette affaire. **3 B** 25
pour affaires **1** 9 *(Geschäfte)*
agent (de police) *m* **3 B** 29,8
agneau/agneaux *m* **°4 B** 33
agréable 2 B 17
agriculteur *m*/**agricultrice** *f* **7 A** 56
Ah non, alors! **4 A** 31,4
aider qn à faire qc **5 B** 43
aller
faire l'aller-et-retour **7 A** 57
Allez! **1** 9
Et **alors?** *(Na und?)* **2 A** 14
alpinisme *m* **°5 A** 39
alpiniste *m/f* **°5 A** 41,3
amener qn chez le médecin **7 C** 61
américain/américaine 3 A 23,2
être **amoureux/amoureuse** de qn **7 A** 57
s'**amuser 1** 7
an *m*
l'an 5000 avant Jésus-Christ **5 A** 39
en deux ans **6** 49
âne *m* **°7 B/C** 63,5
anglais/anglaise 3 A 22
année *f* **5 A** 39
dans les années cinquante **5 A** 39
août *m* **1** 7
apprendre
apprendre à faire qc **5 B** 45,3
arbre *m* **7 B** 60
sans **arrêt** *m* **5 B** 42
arrêter
arrêter qc **3 B** 24
arrêter de faire qc **5 B** 43
s'arrêter **2 A** 15
se mettre à l'**arrière 5 B** 42
assez *(ziemlich)* **5 B** 43
assiette *f* **4 A** 30
être **assis/assise 2 A** 15
‹**athlète** *m/f* **8** 66›
attendre son tour **5 B** 42
attirer °5 A 39
attirer l'attention de qn **°5 B** 47,8
auberge de jeunesse *f* **1** 9
aussi bon que . . . **4 B** 34
automobiliste *m/f* **3 B** 25
faire de l'**auto-stop** *m* **3 B** 24
auto-stoppeur *m*/**auto-stoppeuse** *f* **3 B** 29,8
l'**autre** jour *(neulich)* **2 A** 16,3
autrefois 5 A 38
autrichien/autrichienne 3 A 23,2
avis *m* **7 A** 57
à mon avis **7 A** 57
Je suis de ton avis. **7 B/C** 64,7
‹**avoir lieu 8** 66›
avril *m* **2 B** 19,4

B

se **baigner 1** 9
bain *m* **2 B** 17
balise *f* **°7 B** 59
baliser °7 B 60
bar *m*
Theke **2 A** 16,2
kleines Lokal **6** 52,3
bâton *m* **5 B** 43
C'est bien **beau** tout ça, mais . . . **1** 9
beaucoup de choses **2 A** 16,2
beauté *f* **°3 B** 24
produit *m* de beauté **°3 B** 24
belge 3 A 23,2
Ben, . . . 2 B 17
Eh ben! **1** 11,5
bien
Ou bien . . . **3 B** 25
On est bien assez grands pour . . . **1** 7
C'est bien beau tout ça, mais . . . **1** 9
C'est bien ça? **1** 11,5
Ça fait du bien. **2 B** 17
bise *f* **1** 13,8
Grosses bises. **1** 13,8
blé *m* **7 A** 56
bœuf *m* **°4 B** 33
boîte *f (Dose)* **°2 B** 20,6
bon/bonne
pendant un bon moment **5 B** 45,4
Un bon bain, ça fait du bien. **2 B** 17
Bonne route! **3 B** 24
Bonnes vacances! **1** 13,9
bonnet *m* **5 B** 43
boulangerie *f* **4 A** 32
boulangerie-pâtisserie **6** 49

au **bout** de . . . **5 B** 43
breton/bretonne °1 8
brouillard *m* **3 A** 22
Il y a du brouillard. **3 A** 22
broussailles *f* **°7 B** 59
Brr! 5 B 44,2
bruit *m* **6** 49

C

ça
C'est comme ça. **2 A** 16,2
Ce n'est pas ça. **4 B** 34
pas si méchant que ça **6** 49
cabine *f* **5 B** 47,8
cadeau/cadeaux *m*
Je vous en fais cadeau. **5 B** 44,2
calanque *f* **°2 A** 16,3
se **calmer 3 B** 25
Calmez-vous! **3 B** 25
camarade *m/f* **7 A** 57
camion *m* **3 A** 22
chauffeur de camion *m* **3 A** 22
camp de ski *m* **°5 B** 42
à la **campagne 7 B/C** 64,7
canadien/canadienne 3 A 23,2
un Canadien/une Canadienne **°1** 9
car *m* **6** 55,9
aller en car **6** 55,9
carafe *f* (d'eau) **4 A** 30
carte *f*
Landkarte **1** 10,1
Speisekarte **4 B** 34
cas *m* **5 B** 42
en cas de **5 B** 42
casser qc **6** 49
cassé/cassée **5 B** 43
cathédrale *f* **1** 12,7
à **cause** de **5 B** 42
cavalier *m*/**cavalière** *f* **°7 B/C** 63,5
ce/cette/ces
ce que **6** 49
ce qui **6** 49
‹cette fois-ci **8** 66›
ces derniers jours **3 B** 25
C'est bien ça? **1** 11,5
C'est . . . que . . . **°2 B** 20,5
C'est . . . qui . . . **°2 B** 17
tout **cela 3 B** 24
centre *m* de vacances **5 B** 42
chacun/chacune 7 B 60
chalet *m* **5 A** 41,3
champ *m* **5 A** 39
champion *m*/**championne** *f* **°5 B** 42
chance *f* **3 B** 24
avoir de la chance **3 B** 24
Pas de chance! **5 B** 47,8

chaque 7 A 57
charger 3 A 22
chef *m* **°4 B** 33
chemin *m* **7 B** 59
chèvre *f* **°7 A** 56
chez
devant chez Gardet **6** 49
choisir 3 A 22
choix *m* **2 A** 14
On n'a pas le choix. **2 A** 14
au choix **4 B** 33
chose *f*
beaucoup de choses **2 A** 16,2
pas mal de choses **3 B** 24
pas grand-chose **3 B** 25
ces choses-là **1** 9
Chouette! 1 7
chute *f* **5 B** 42
faire une chute **5 B** 43
‹cette fois-**ci 8** 66›
cigarette *f* **3 B** 24
ciné *m* **°6** 50
citadelle *f* **°6** 54,8
‹**classique 8** 66›
colère *f* **3 B** 25
être en colère **3 B** 25
commander *(bestellen)* **4 B** 34
comme
da **5 B** 42
C'est comme ça. **2 A** 16,2
pas comme les autres **5 A** 41,3
commissariat *m* (de police) **3 B** 29,8
‹**commune** *f* **8** 67›
‹la commune de Rouen **8** 67›
complet/complète 2 A 14
C'est complet. **2 A** 14
comprendre *(einschließen)* **°4 B** 33
service compris **°4 B** 33
compter 5 A 39
concert *m* de rock **6** 49
connaître 4 B 34
connu/connue *(bekannt)* **5 A** 39
être en **contravention** *f* **°6** 54,8
par **contre 5 A** 39
côte *f* **1** 8/9
côtelette *f* **4 B** 33
coucher (à l'hôtel) **1** 9
se coucher **1** 7
coup *m*
faire un coup **6** 48
à grands coups de machette **7 B** 60
coupe *f (Becher)* **°4 B** 34
couper 7 B 59
courir 7 C 61
course *f (Wettrennen)* **7 B/C** 63,5
course aux ânes **°7 B/C** 63,5
couteau/couteaux *m* **4 A** 30

couvert *m (Gedeck)* **4 A** 31,1
couvrir 5 A 39
crier qc à qn **5 B** 47,8
croire 6 49
cultiver 5 A 39

D

danger *m* **7 C** 61
danois/danoise 3 A 23,2
dans la matinée **6** 49
danser 1 13,9
date *f* **2 B** 21,8
date de naissance **°2 B** 21,8
dater de . . . 5 A 39
de
de/du + *Land* **3 A** 22
de/du + *Stadt* **3 A** 23,1
des + *Land* **3 A** 23,1
de nouveau **5 A** 39
de plus **5 B** 42
blanche de peur **7 C** 61
‹la commune de Rouen **8** 67›
être **debout 2 B** 17
au **début** de qc **5 A** 39
décembre *m* **2 B** 19,4
déclaration *f* de vol **°2 B** 21,8
déclarer qc *(verzollen)* **3 B** 24
découverte *f* **6** 51
‹**défilé** *m* **8** 66›
. . . quand, **déjà,** . . .? **1** 9
déjeuner *m* **4 A** 30
‹**délégation** *f* **8** 66›
depuis 5 A 39
ces **derniers** jours **3 B** 25
descendre dans un hôtel **5 A** 39
descente *f* **5 A** 38
piste de descente *f* **5 A** 38
dessert *m* **4 A** 31,4
dessin *m* **7 A** 57
dessiner 7 A 57
devenir 7 B 60
aller **dîner 4 B** 34
dîner *m* **4 B** 33
discipline sportive *f* **°5 B** 42
discothèque *f* **5 B** 42
discuter 6 49
docteur *m*/**doctoresse** *f* **7 C** 61
document *m* **°5 A** 39
dos *m* **7 C** 61
douane volante *f* **°3 B** 24
doubler 3 B 25
se **doucher 2 B** 17
drôle 3 A 22
une drôle de vie **3 A** 22

E

‹**échange** *m* **8** 66›
école *f* **7 A** 57

Eh ben! **1** 11,5
élever (des animaux) **7 A** 56
pour **elles** **3 B** 24
embêter qn **6** 49
empêcher qn de faire qc **6** 49
employer *(gebrauchen)* **7 B** 59
en
en août **1** 12,7
en 1962 **5 A** 39
en ce temps-là **5 A** 39
en deux ans **6** 49
en mobylette **6** 49
en famille **4 A** 30
en haut de **7 B** 60
en tête de **5 B** 42
partir en mer **1** 9
en mille morceaux **6** 49
en plus **6** 49
On n'en parle plus. **3 B** 25
Je vous en fais cadeau. **5 B** 44,2
endroit *m* **2 B** 17
à l'endroit où . . . **2 B** 17
Enfin, . . . **3 B** 24
enlever **4 A** 30
s'ennuyer **1** 9
énorme **4 B** 34
entendre
On ne s'entend plus. **6** 49
entre
entre nous **2 B** 18,1
trois d'entre eux **6** 49
entrée *f* **6** 48
épicerie *f* **4 A** 32
espagnol/espagnole **3 A** 23,2
espérer **5 B** 42
est *m* **7 B** 60
avec **eux** **3 B** 24
exemple *m*
par exemple **1** 9

F

faire
faire de l'auto-stop **3 B** 24
faire de la mobylette **6** 50
faire du sport **5 A** 40,2
faire du ski **5 A** 40,2
faire du ski de fond **5 B** 45,3
faire l'aller-et-retour **7 A** 57
faire bonne pêche °**2 B** 17
faire une chute **5 B** 43
faire un coup **6** 48
faire le plein **3 B** 25
faire signe à qn de faire qc **3 B** 24
Je fais tous les pays d'Europe. **5 A** 22
Ça fait du bien. **2 B** 17
Il fait soleil. **3 A** 22
Il fait mauvais (temps). **3 B** 24
Il fait de l'orage. **3 B** 27,4
Il fait du vent. **3 B** 25
Il fait zéro. **3 B** 27,4
Il fait moins/plus trois. **3 B** 27,4
‹se faire des amis **8** 66›
se faire passer pour . . . °**3 B** 25
falloir
Il faut voir ça! **3 B** 24
familial/familiale **5 A** 39
‹**fanfare** *f* **8** 66›
fatigué/fatiguée **5 B** 42
la **Fête Nationale** **3 B** 28,7
février *m* **2 B** 19,4
finir **3 B** 25
‹**folklorique** **8** 66›
piste *f* de **fond** **5 A** 38
faire du ski de fond **5 B** 45,3
‹**football** *m* **8** 66›
fourchette *f* **4 A** 30
frais/fraîche **4 B** 33
fraise *f* **4 B** 34
(pommes) **frites** *f* **4 B** 33
le **froid** **5 A** 39
fromage *m* **4 B** 33
plateau de fromages **4 B** 33
fruits *m* de mer **2 A** 16,2
fumée *f* **6** 49
fumer **3 B** 24

G

garer sa voiture **2 B** 21,8
faire un **garrot** à qn °**7 C** 61
gendarme *m* **2 A** 14
gendarmerie *f* **2 B** 17
jeunes **gens** *m* **2 A** 14
gentil/gentille **4 B** 34
C'est gentil d'avoir . . . **4 B** 34
glace *f (Eis)* **4 B** 33
glacé, glacée °**4 B** 33
glacier *m* °**5 A** 39
gourmet *m* °**4 B** 37
pas **grand-chose** **3 B** 25
gros/grosse **1** 13,8
Grosses bises. **1** 13,8
groupe *m* **5 B** 42
‹**gymnastique** *f* **8** 66›

H

habitant *m*/**habitante** *f* **5 A** 39
haricot *m* **4 B** 33
haricots verts **4 B** 33
haut/haute **5 A** 38
là-haut **5 B** 42
en haut de **7 B** 60
herbe *f* °**4 B** 33
aux herbes fraîches °**4 B** 33
à toute **heure** °**4 B** 37
Quelle **histoire!** **2 A** 16,3
hollandais/hollandaise **3 A** 23,2
homme *m (Mensch)* **5 A** 39
hôpital/hôpitaux *m* **7 B/C** 63,4
‹**horloge** *f* **8** 67›
le/les **hors-d'œuvre** *m* **4 B** 33

I

idiot *m*/**idiote** *f (Nomen)* **5 B** 43
idiot/idiote *(Adjektiv)* **5 B** 43
il y a . . . ans **5 A** 39
inspecteur *m*/**inspectrice** *f* des douanes **3 B** 25
C'est **interdit.** **2 A** 14
intéressant/intéressante **6** 51
intéresser qn **1** 13,8
s'intéresser à qc **1** 9
internat *m* °**7 A** 57
‹**international/internationale** **8** 66›
interne *m/f* °**7 A** 57
interroger qn °**6** 49
‹**invité** *m*/**invitée** *f* **8** 66›
italien/italienne **3 A** 23,2

J

janvier *m* **2 B** 19,4
‹**jazz** *m* **8** 66›
jean *m* **2 B** 17
jeu/jeux *m* **7 B/C** 62,2
jeunesse *f* **1** 9
auberge de jeunesse **1** 9
jouer de l'argent **7 B/C** 63,5
joueur *m* de guitare **2 A** 15
journal/journaux *m (Tagebuch)* **5 B** 42
‹**judo** *m* **8** 66›
‹**jumeau/jumelle** **8** 66›
‹une ville jumelle **8** 66›
‹être **jumelé/jumelée** avec . . . **8** 67›
jusque **4 A** 32

K

à 10 **kilomètres** *m* de . . . **2 A** 14

L

là
Là, on vient de . . . **3 A** 22
là-bas **1** 9
là-haut **5 B** 42
en ce temps-là **5 A** 39
laisser **3 B** 24
lancer qc **6** 51
lapin *m* °**4 B** 33
lavande *f* °**7 A** 56

se **laver 5 A** 41,3
léger/légère 4 B 34
lendemain *m* **2 B** 17
le lendemain matin **2 B** 17
se **lever 1** 7
lieu *m* de naissance °**2 B** 21,8
‹avoir **lieu 8** 66›
livrer °**3 A** 22
‹**loger** qn/chez qn **8** 66›
loin 5 B 43
longtemps 3 B 25
lorsque 5 B 42
lui, il . . . **3 B** 24
derrière lui **3 B** 24
luxembourgeois/luxembourgeoise 3 A 23,2

M

machette *f* °**7 B** 59
machine *f* **3 A** 22
‹**maire** *m*/**femme maire** *f* **8** 66›
‹**mairie** *f* **8** 66›
tarte **maison** *f* **4 B** 33
‹**majorette** *f* **8** 66›
pas **mal** de choses **3 B** 24
marmotte *f* °**5 A** 41,3
mars *m* **2 B** 19,4
matinée *f* **6** 49
dans la matinée **6** 49
mauvais/mauvaise 2 B 17
Il fait mauvais (temps). **3 B** 24
Ça sent mauvais. **6** 49
méchant/méchante 6 49
meilleur/meilleure 4 B 34
melon *m* **4 B** 33
même
sogar **1** 9
der/die/das gleiche **5 A** 39
mener 5 A 39
menu *m* **4 B** 33
mer *f* **1** 9
partir en mer **1** 9
fruits de mer **2 A** 16,2
mètre *m* **2 B** 17
mettre
se mettre au lit **1** 11,3
se mettre à l'eau **2 A** 16,3
se mettre à faire qc **7 C** 61
mettre la radio **3 B** 25
mettre la table **4 A** 31,1
Tu n'en mets pas trop, s.t.p. **4 A** 30
meublé/meublée 7 A 57
à **minuit** *m* **1** 7
mistral *m* °**7 A** 59,5
mobylette *f* **6** 49
faire de la mobylette **6** 50
en mobylette **6** 49
à la **mode 5 A** 39
Passe-**moi . . . 4 A** 30
moins 3 B 27,4
Il fait moins deux. **3 B** 27,4
moins bon que **4 B** 34
le moins cher **4 B** 34
moins souvent que . . . **6** 53,6
le moins souvent **6** 53,6
le **mois** de janvier **1; 5 A** 39
moment *m*
à ce moment **2 B** 17
à un moment **2 A** 16,3
pendant le moment où . . . **2 B** 18,1
pendant un bon moment **5 B** 45,4
moniteur *m*/**monitrice** *f* **5 B** 42
montagne *f* **1** 9
montre *f* **6** 49
monument *m* °**1** 9
se **moquer** de qn **6** 49
moteur *m* **6** 49
mouton *m* **7 A** 56

N

nager 1 9
nageur *m*/**nageuse** *f* **6** 54,7
naissance *f* °**2 B** 21,8
la date de naissance °**2 B** 21,8
le lieu de naissance °**2 B** 21,8
national/nationale 3 A 22
la Fête Nationale **3 B** 28,7
(route) nationale *f* **3 A** 22
nature *f* **1** 9
naturel/naturelle 7 A 57
ne . . . personne **2 B** 17
neige *f* **5 A** 39
neiger 3 B 24
nettoyer 2 B 17
nomade *m/f* °**5 A** 39
nombre *m* **4 B** 35,2
nord *m* **7 A** 56
au nord de **7 A** 56
nord-ouest *m* **7 A** 59,5
note *f (Note)* **7 A** 59,4
de **nouveau 5 A** 39
novembre *m* **2 B** 19,4

O

‹**occasion** *f* **8** 66›
s'**occuper** de qn/qc **1** 7
officiel/officielle °**5 A** 40,1
Oh là là! 7 C 61
orage *m* **3 B** 27,4
Il fait de l'orage. **3 B** 27,4
‹**orchestre** *m* **8** 66›
organisation *f* °**5 B** 42
Ou bien . . . 3 B 25
pendant le moment **où . . . 2 B** 18,1
oublier 2 B 17
ouest *m* **7 A** 59,5

P

Paf! 2 A 16,3
pain *m* **4 A** 30
papier *m* **2 B** 17
Papiere **2 B** 17
par
par exemple **1** 9
par contre **5 A** 39
par jour **3 B** 24
regarder par la fenêtre **1** 11,5
parcmètre *m* °**6** 54,8
parfait/parfaite 2 A 16,2
Elle sait parfaitement que . . . **7 A** 57
parfum *m* °**3 B** 24
Tu **parles! 1** 9
On n'en parle plus. **3 B** 25
participer à qc **5 B** 42
partie *f (Teil)* **5 B** 42
pas
pas comme les autres **5 A** 41,3
pas grand-chose **3 B** 25
pas mal de choses **3 B** 24
Pas de chance! **5 B** 47,8
Pas question! **4 A** 31,4
passant *m*/**passante** *f* °**2 A** 15
passer
passer qc à qn **4 A** 30
se passer *(geschehen)* **6** 48
se faire passer pour . . . °**3 B** 25
pâté *m* **4 A** 30
patisserie *f* **6** 48
pays *m* **1** 9
pêche *f (Fischerei)* **1** 9
faire bonne pêche °**2 B** 17
pêcheur *m*/**pêcheuse** *f* **1** 8/9
peinture *f (Farbe)* **7 B** 59
pendant que **5 B** 42
Pensez-vous! 6 49
‹**permettre 8** 66›
personne ne . . . **2 A** 15
ne . . . personne **2 B** 17
petits pois *m* **4 B** 33
pièce *f (Zimmer)* **7 A** 57
pierre *f* **6** 49
pionnier *m*/**pionnière** *f* °**5 A** 39
pique-nique *m* °**2 B** 20,6
pique-niquer 4 A 32
piquer *(beißen)* °**7 C** 61
faire une **piqûre** à qn °**7 C** 61
piste *f* **5 A** 38
piste de danse **5 B** 42
piste de descente **5 A** 38
piste de fond **5 A** 38
à la **place** de qn/qc **5 A** 39

plage *f* 2 **A** 14
  dormir sur la plage **2 A** 14
  aller à la plage **2 A** 14
plat *m (Platte/Gericht)* **4 A** 30
  plat de pâté *m* **4 A** 30
plateau/plateaux de fromages *m* **4 B** 33
plein/pleine 3 **B** 25
  faire le plein **3 B** 25
plus
  Il ne comprend plus rien. **4 B** 34
  Plus de sentier! **7 C** 61
  plus léger que . . . **4 B** 34
  le plus cher **4 B** 34
  plus vite que . . . **6** 51
  le plus vite possible **6** 49
  Il fait plus trois. **3 B** 27,4
  de plus **5 B** 42
  en plus **6** 49
plusieurs 3 **A** 23,3
point *m* **7 B** 59
petits **pois** *m* 4 **B** 33
poisson *m* 4 **B** 34
portugais/portugaise 3 **A** 23,2
possible 6 49
  le plus vite possible **6** 49
potier *m*/**potière** *f* **7 B/C** 64,7
pour
  d'accord pour . . . **1** 9
  pour reparler de . . . **6** 49
  Qu'est-ce qu'il attend pour nous servir? **2 A** 16,2
se lever le **premier**/la **première** **2 B** 17
prendre
  (im Auto mitnehmen) **1** 9
  prendre son temps **2 A** 15
prénom *m* **2 B** 21,8
presque 4 **B** 34
se **presser** **2 A** 15
problème
  Le problème, c'est que . . . **1** 7
  Pas de problème! **1** 9
produit *m* de beauté **°3 B** 24
dans la **profonde** *(Tiefschnee)* **°5 B** 43
programme *m* **3 B** 25
se **promener** **1** 9
provençal/provençale **°7 A** 56
province *f* 1 7

Q

que
  Relativpronomen **1** 9
  plus léger que . . . **4 B** 34
  plus vite que . . . **6** 51
  moins souvent que . . . **6** 53,6
  C'est . . . que . . . **°2 B** 20,5
  Qu'est-ce qui . . .? **6** 50
  Qui est-ce que . . .? **6** 50
  ce que **6** 49
  pas si méchant que ça **6** 49
quelquefois 6 49
quelques 3 **B** 25
Pas **question!** *m* **4 A** 31,4
qui
  Qui est-ce que . . .? **6** 50
  Qui est-ce qui . . .? **6** 48
  Qu'est-ce qui . . .? **6** 50
  ce qui **6** 49
quitter
  Je te quitte. *(am Telefon/im Brief)* **1** 11,3
  quitter ses skis *m* **5 B** 44,2
. . ., ou **quoi?** **6** 50

R

ralentir 3 **B** 24
ramener qn au bord **2 A** 16,3
réduction *f* **°1** 9
réfléchir 3 **B** 25
région *f* 1 9
se **relever** **5 B** 43
remonter 5 **A** 39
se **rendre** à . . . **1** 9
pour **reparler** de . . . **6** 49
reprendre sa route **3 B** 25
réserver 4 **B** 34
‹**réussi/réussie** **8** 66›
réveiller qn **2 B** 17
  se réveiller **2 B** 18,1
rideau/rideaux *m* **6** 51
rien ne . . . **2 A** 14
  rien à déclarer **3 B** 24
  Rien à faire! **5 B** 43
  rien d'autre **5 A** 40,2
  Il ne comprend plus rien. **4 B** 34
rock *m* **6** 49
  concert de rock *m* **6** 49
romain/romaine **°1** 9
romanche *m* **°5 A** 40,1
romand/romande **°5 A** 38
(vin) **rosé** *m* **4 B** 34
rôti *m* **4 A** 30
route *f*
  Bonne route! **3 B** 24
  C'est sur votre route? **3 B** 24
  reprendre sa route **3 B** 25
routier *m* **3 A** 22
ruelle *f* **°6** 49
‹**rugby** *m* **8** 66›

S

salon de thé *m* **°6** 48
sandwich *m* **1** 10,3
sans
  sans arrêt **5 B** 42
  sans se presser **2 A** 15
santé *f* 4 **B** 34
  A votre santé! **4 B** 34
sauver qn/qc **5 A** 39
savoir
  savoir faire qc **1** 9
  Je ne sais pas trop. **4 B** 34
  Qu'est-ce que tu en sais? **2 B** 17
se coucher **1** 7
appeler au **secours** **5 B** 43
semaine *f* 1 7
sentier *m* **°7 B** 60
sentir *(riechen/fühlen)* **4 A** 30
  Ça sent bon. **4 A** 30
  Ça sent mauvais. **6** 49
septembre *m* **1** 9
service *m* **°4 B** 33
  service compris **°4 B** 33
  station-service *m* **3 B** 25
serviette *f (Serviette)* **4 A** 30
se **servir** **4 A** 31,4
seul/seule *(einzig/allein)* **2 A** 14
si
  ‹*wenn/falls* **8** 66›
  pas si méchant que ça **6** 49
au 19e **siècle** *m* **5 A** 39
signe *m* **3 B** 24
  faire signe à qn de faire qc **3 B** 24
silhouette *f* **°5 B** 45,4
simple 7 **A** 57
situation *f* 1 9,13
situé/située 5 **A** 38
ski *m (Ski/Skifahren)* **5 A** 39
  faire du ski **5 A** 40,2
  faire du ski de fond **5 B** 45,3
skier 5 **B** 42
skieur *m*/**skieuse** *f* **5 B** 42
«snack» *m* **°4 B** 37
snob *(Adjektiv)* **5 A** 38
soleil *m* **3 A** 22
  Il fait soleil. **3 A** 22
solution *f* 6 51
sortir *(ausgehen)* **4 B** 34
sourire 4 **B** 34
se **souvenir** de qc **6** 49
spectateur *m*/**spectatrice** *f* **6** 49
sport *m* **5 A** 40,2
  faire du sport **5 A** 40,2
sportif/sportive *(Adjektiv)* **5 B** 42
sportif *m*/**sportive** *f (Nomen)* **5 A** 39
station *f (Ferienort)* **5 A** 38
station-service *f* **3 B** 25
sud *m* **7 A** 56
  dans le sud **7 A** 56
  au sud de . . . **7 A** 56
sud-est *m* **7 B** 60
sueur *f* **°7 C** 61
suffire 7 **A** 56
suisse 3 **A** 23,2

Annexe

Die Wörter und Wendungen des *Annexe* sind fakultativ. Sie werden weder in den jeweils folgenden Lektionen des obligatorischen Teils noch des *Annexe* als bekannt vorausgesetzt. Die neuen, zumeist erschließbaren Wörter der Hörverstehenstexte werden in dieser Liste nicht berücksichtigt.

accident *m* 6 82
accompagner qn 7 86,1
s'**adresser** à 1 71
adulte *m/f* 1 70
agréer qc 1 71
vous **aimeriez** 1 71
en plein **air** *m* 7 85
à l'**aller** *m (Hinfahrt)* 1 70
alterné/alternée 6 82
ambulance *f* 6 82
toute l'**année** *f* 2 74
  Bonne année! 4 77
armée *f* 7 84
automne *m* 4 79
  en automne 4 79
d'**avance** 1 71
Avent *m* 4 79
bal/bals *m* 7 85
blessé/blessée 6 82
bloquer 3 75
bonheur *m* 4 77
bouchon *m (Verkehrsstau)* 3 75
bougie *f* 6 83
calendrier *m* 4 78
camarade *m/f* 2 73
un **camping** *m* 1 71
canon *m* 7 84
carrefour *m* 6 82
cela 1 71
chaîne *f* 6 83
chasse *f* 7 84
ci-joint 1 71
circulation *f* 3 75
commandant *m* 7 84
commissaire *m* 3 76
commune *f* 2 73
composter un ticket 7 86
compteur *m* 6 83
concours *m* 7 85
correspondant *m*/**correspondante** *f* 2 73
côté *m* 6 82
croire à qc 1 71
le 9 **ct** (le 9 courant) 1 71
culturel/culturelle 2 73
course **cycliste** *f* 7 85
danger *m* 6 82
date *f* 1 72
défilé *m* 7 85
dépenser 7 84
dictionnaire *m* 6 83
difficile 3 75
directeur *m*/**directrice** *f* 1 71
disque *m (Parkscheibe)* 6 82
distingué/distinguée 1 71
  ... mes sentiments distingués *m* *(im Brief)* 1 71
documentation *f* 1 71
durer 4 79
échange *m* 2 73
éclater 7 84
église *f* 7 87,2
encourager qc 2 73
été *m* 4 79; 7 84
  en été 4 79
Ça **existe.** 4 79
expression *f* 1 71
facile 5 80
faire tirer sur qn 7 84
félicitations *f* 4 77
Bonne **fête!** *(zum Namenstag)* 4 77
feu/feux d'artifice *m* 4 79; 7 85
fin *f* 4 79
forêt *f* 7 85
foule *f* 7 84
frein *m* 6 83
guidon *m* 6 83
hélicoptère *m* 5 80
hiver *m* 4 79
  en hiver 4 79
hôpital/hôpitaux *m*
hôte payant *m* 2 73
important/importante 7 84
s'**installer** 7 84
inutile 4 77
jour férié *m* 4 79
journaliste *m/f* 3 75
joyeux/joyeuse 4 77
être **jumelée** avec ... 2 73
jumelles *f (Pl) (Fernglas)* 5 80
séjour **linguistique** *m* 2 73
loger 2 73
avec **lui** 2 73
mairie *f* 2 73
mariage *m* 4 77
meilleur/meilleure 1 71
le/la **même** 1 71
mention *f* 4 77
message *m* 3 75
météo *f* 3 75
militaire 7 85
monarchie *f* 7 84
naissance *f* 4 77
Noël *m* 4 77
Nouvel An *m* 4 77
numéro *m* **d'immatriculation** 3 75
obligatoire 6 82
office du/de tourisme *m* 1 71
officiel/officielle 1 71
organisation *f* 2 73
organiser qc 2 73
panneau/panneaux *m* 6 82
Pâques *f* 4 77
par
  par jour 1 71
  par téléphone 1 72
hôte **payant** *m* 2 73
pédale *f* 6 83
Pentecôte *f* 4 78
personnel/personnelle 3 75
pétanque *f* 7 85
peuple *m* 7 84
phare *m* 6 83
pilote *m* 5 80
en **plein** air *m* 7 85
pneu *m* 6 83
p.o. (par ordre) 1 71
politique *f* 7 84
se **poser** 5 80
possibilité *f* 7 85
poste de secours *m* 5 80
de **préférence** *f* 1 71
présenter qc à qn 4 77
président *m*/**présidente** *f* 1 71
prier qn de faire qc 1 71
printemps *m* 4 79
  au printemps 4 79
priorité *f* 6 82
la **prise** de la Bastille *f* 7 84
prison *f* 7 84
prompt/prompte 4 77
quelques 2 73
se **rapporter** à qc 6 82
rayer *(streichen)* 4 77
réception *f* 1 72
Recevez ... 1 71; 4 77
réduction *f* 2 74
remercier qn de qc 1 71
rentrer dans qc 6 82
réservation *f* 1 72
réserver 1 72
réservoir *m* 6 83
résister 7 84
rétablissement *m* 4 77
la **Révolution française** *f* 7 84
roi *m*/**reine** *f* 7 84
roue *f* 6 83
jouer au **rugby** *m* 7 87,2
Saint-Sylvestre *f* 4 78

Die Namen in Winkelklammern kommen im *Annexe* oder in anderen fakultativen Stücken vor.

Prénoms féminins

Prénoms masculins

Noms de famille

Noms de villes

Noms géographiques

Noms divers

Lautzeichen

Vokale

[a] m**a**d**a**me, M**a**rc; wie das deutsche *a*.
[e] caf**é**, mang**er**, regard**ez**; geschlossenes *e*, etwa wie in *geben*.
[ɛ] il f**ait**, il m**et**, il **est**, m**e**rci; offenes *ä*, etwa wie in *Ärger*.
[i] **i**l, l'am**ie**; geschlossener als das deutsche *i*, Lippen stark spreizen.
[ɔ] la p**o**rte, al**o**rs, b**o**l; offenes *o*, offener als in *Loch*.
[o] phot**o**, all**ô**, **au**ssi, plat**eau**; geschlossenes *o*, wie in *Rose*.
[ø] d**eu**x, monsi**eur**; geschlossenes *ö*, etwa wie in *böse*.
[œ] s**œu**r, n**eu**f, h**eu**re; offenes *ö*, bei kurzem Vokal etwa wie in *Röcke*.
[ə] l**e**, r**e**pas; der Laut liegt zwischen [œ] und [ø], näher bei [œ].
[u] r**ou**te, **où**, bonj**ou**r; geschlossenes *u*, etwa wie in *Ufer*.
[y] t**u**, r**ue**, sal**ut**; ähnlich dem deutschen *ü* in *Tür*.

Nasalvokale

[ɛ̃] **un**, bi**en**, l**un**di, terr**ain**, vois**in**; nasales [ɛ]
[õ] **on**, s**on**t, n**om**; nasales [o]
[ɑ̃] d**an**s, ch**am**bre, je pr**en**ds; nasales [ɑ]

Die Nasalvokale haben im Deutschen keine Entsprechung.

Beachte: *un, lundi:* Neben [ɛ̃] hört man in Frankreich auch [œ̃] = nasales [œ].

Konsonanten

[f] **f**rère, **ph**oto; wie das deutsche *f*, in *Fibel, Photo*.
[v] **v**erre, re**v**ue, il arri**v**e; wie das deutsche *w* in *werden*.
[s] **s**œur, bi**s**cuit, **c**'est, **ç**a, ta**ss**e, récréa**t**ion; stimmloses *s*, wie in *Los*; als Anlaut vor Vokal ist *s* immer stimmlos.
[z] chai**s**e, mai**s**on, il**s**‿arrivent, **z**éro; stimmhaftes *s*, wie in *summen*; zwischen zwei Vokalen ist *s* stimmhaft.
[ʒ] **j**e, bon**j**our, **g**éographie; wie *j* in *Journalist*.
[ʃ] **ch**aise; je **ch**er**ch**e; stimmloses *sch*, wie in *schön*.
[ɲ] ma**gn**étophone; etwa wie in *Kognak*.
[ŋ] in Wörtern aus dem Englischen, z.B. campi**ng**, parki**ng**.
[r] **r**ega**r**de**r**, po**r**te, jou**r**; Zäpfchen-Reibelaut; wird auch am Wortende und vor Konsonant deutlich ausgesprochen.

Die nicht erwähnten Konsonanten sind den deutschen sehr ähnlich.
Bei [p], [b], [t], [d], [k], [g] ist jedoch darauf zu achten, daß sie ohne „Hauchlaut" gesprochen werden.

Halbkonsonanten

[j] b**i**en, fam**ill**e, trava**il**; weicher als das deutsche *j* in *ja*.
[w] **ou**i, t**oi**; flüchtiger [u]-Laut, gehört zum folgenden Vokal.
[ɥ] c**u**isine, je s**u**is, h**u**it; flüchtiger [y]-Laut, gehört zum folgenden Vokal.

Bildquellen:

Bibliothèque Nationale, Paris: 84,1 – J. R. Caoudal, Quimper: 8,1; 16,1 – C. E. D. R. I., Paris: 8,7 – Diatec, Grenoble: 15,1; 56,1; 57,1 – Ecole fédérale de gymnastique et de sport, Macolin: 42,1 (Hugo Lötscher) – E. P. S., Paris: 77,1 – Explorer, Paris: 56,3,4 – Dr. Günter Freitag, Münster: 59,1 – Hercules, Nürnberg: 83,1 – Dr. Rudolf Hildebrandt, Stuttgart: 72,1 – Bernard Joliat, Vandoeuvres: 14,1 – Journal „Les Routiers“, Paris: 22,1 – Kunstverlag Weingarten, Weingarten: 65 (Abbildung von Werner Lichtner-Aix aus Monique Lichtner „La cuisine provençale“ 1979) – Jürgen Lindenburger, Kastl: 16,2 – Mairie de Rouen, Rouen: 67,1 – Magnum, Paris: 32,2;37,2 – Bildagentur Mauritius, Mittenwald: 68, 69 – Mono Graphic, Sierre: 41,1 (tiré du livre de la collection „Mémoire vivante“, Les Hauts Pâturages de l'été) – Eugen Münzing, Renningen: 40,1 – OFAJ, Bad Honnef: 72,2 (Marie-Luise Preiss); 73 – Publi Graphy, Sierre: 38,2,3 (Frido); 39,1; 40,2 (Frido); 43,1 – Rapho, Paris: 7,1; 8,4; 32,1; 37,1; 67,2; 79,2 – Jean Ribière, Perpignan: 8,2,5; 55,2; 79,1 – SNCF, Paris: 74 – Agence Top, Paris: 85,1 – Vloo, Paris: 8,3,6; 78,2

Les régions de la France